勇往直前

——傳播經營札記

石永貴著

三民叢刊 7

三民書局印行

小生意人的苦行心志

石永貴

——「勇往直前」序

因爲平時喜歡寫點東西，二十餘年間，也出了幾本小書，常常有朋友或青年學生們問我：到底你出了多少書？最近出什麼新書沒有？

到這本書——勇往直前，出了十二本。

這十二本書，說起來，各有特色，各有精神，也各有脈絡，總括一句話，還是緣份。十二本中，有三本：大衆傳播短簡、大衆傳播的挑戰以及勇往直前，是由劉振強先生主持下的三民及東大事業出版的。

這都是緣份。

二人之緣，一生之緣。

自從民國六十年夏季，我的一份不成熟書稿，定名爲「大衆傳播書簡」，由好友賀照禮兄試試攜往劉振強先生指教時，承其不棄，爲之出版，將近二十年間，劉先生在我的心中，就是亦師亦友。

劉先生那種以小買賣勤勞、熱忱與仔細的精神，做起大事業，令我無限的嚮往。

二十年間，他所主持的事業，成爲我國學術出版界的巨鎮，學人教授心中的良友。

二十年間，他經之營之，不只是出版無數有價值的大學參考用書，提振了學術水準，同時，他更先後出版了：大辭典以及新辭典。

他的執著與苦心，其毅力與決心，都顯現在這二部辭典巨著中。鉅細無遺與止於至善，就是劉先生規劃辭典的精神。

我雖然沒有做過「小生意」，但我能以小生意精神，從事我所主持的艱苦事業，是有三位小生意的師傅，作爲精神上的引領與行爲上的開啟：

一位是王雲五先生。

一位是松下幸之助先生。

一位是劉振強先生。

王先生不只是我的老師，而且是恩師。他曾爲我證婚，他曾主動爲我親筆寫信介紹工作，他不只不因我的催稿（爲自由談雜誌）而不煩，且要我在清晨坐在他書桌旁，看他下筆千言寫稿與改稿的神情與樂趣。

他們三位各有不同的背景，但就我的體會與體驗，精神則是一致的：都以小生意精神起家，無論任何大富大貴，都保持小生意人的本色。

就以親自教誨我的王雲五先生爲例，當時，他貴爲行政院副院長，卻以小生意人的樸實、勤勞與精細精神，處理國事，談笑朝野間。公職卸下後，返樸歸眞，還是回到他所喜愛的工作，作個出版商。

劉振強先生可以做大老闆，忙了一生，以他的成就，也有資格做大老闆，但他日以繼夜，忙裏忙外，還是爲出書揮汗不停。

因此，我面對的是我自己的小書，但心裏卻是大出版家小生意的精神。

我的小書，並不成系列，但還是有脈絡或關聯的。

基本上，我少讀閒書，也少寫消閑文字，我的書，以大眾傳播的經營理念實務以及勵志爲主，用以鍛練自己，惕勵自己。

民國六十五年至七十年間，我有幸參與臺灣新生報的社務工作，就工作體認與感受，而有「全力以赴」一書（臺北文經社出版）。

「勇往直前」，可以說是「全力以赴」的姊妹作，是我在大眾傳播事業經營的跑道上心得記錄。就領域而言，有電視（臺視）經營苦行紀錄，也有報業（中央日報）經營的心志，因之，稱之爲「傳播經營札記」。

「勇往直前」包括三大部份：㈠一個傳播牧者的自白，㈡傳播道上同心橋，㈢成功的黃金定律。

我很感動也很感謝的，就是在我於民國七十七年三月間，交卸臺視職位前夕，一位朝夕相處的工作夥伴，將我在臺視將近七年間，有關大大小小會議工作講話，裝訂成册，冠以「重要講詞」，以工作同仁名義，精心設計，送給我作爲服務的紀錄，留作紀念。當時，我眞不敢接受，但我想到，像這樣的「東西」，除我之外，對他人一無所用；同時，翻翻這些記載，我很感謝參與會議的主管及工作夥伴，忍受我的直言與多言；另外一方面，我也在同事處，學習不少，有助於我在事業經營方面的成長。

因此，臺視期間點點滴滴經營心得錄，由於過去工作同事的好心與好意，經過整理消化，也成爲本書的一部份。

此刻，我仍在報業競賽場，中央日報那個跑道上，繼續往前跑，雖然道阻路艱，還要往前跑下去。

有關中央日報經營之理想與目標，除了「不信命，不迷信」及「如何辦中央日報」二篇外，我在中央日報「社刊」每月與社內外同仁見面的「同心橋」，也收在本書中。「同心橋」專欄，基本上，仍是我在報業崗位上生活、讀書與工作中的經營心得，無論形式與內容，與「全力以赴」幾乎是一致的。

最後，這是我校正本書的心得：一個事業的生命，是一個合成體，源遠流長，點滴而成，是智慧，是心血，是力行。

這本書能夠出版，要感謝的人非常的多。因爲一個人的成長，一個事業的成長，都需要很多外來的營養與支持，才能得到滋潤的機會。在這裏，我特別感謝我的同事；賴明佶、林慶祥、王碧雲等等，由於他們的智慧與辛勞，使雜亂無章的文字，加以整理歸類、抄寫，才有機會以一本書的形式出版。

（中華民國七十九年七月於中央日報社）

目錄

小生意人的苦行心志——「勇往直前」序　1
㈠一個傳播牧者的自白
我的牧童生活　3
多少童年艱苦歲月　7
心安理得　13
辦法是人想出來的？　22
我的新聞採訪生活　26
十年寒暑雲和月　38
不信命，不迷信　41
我怎樣辦中央日報？　48
附錄：

㈠面對三臺掌舵人 59
㈡傳播界的「艾科卡」 72
㈢傳播人・小故事 79
㈣「比別人多一分做事意願，就會成功！」 84

㈡傳播道上同心橋

大家都是工作者 91
編輯心中的鏡子 93
自求自助的薪水 95
掌握與創造成功機會 99
水，香水，新聞 102
讀者文摘的成功經驗 106
你也可以創業 109
成功的人，成功的事業 112
苦其心志，才能成大業 115

系統，管理，服務 119
報業的中鋼 122
一步一步走向峯頂 125
簡單與明確 127
此心此志、所念所思 130
即將到來的中文報業世界 133
做一個卓越傑出的廣告人 146
清新的頭腦，熱忱的心 156
中國文化世界化，才是我們的理想 164
報業正面臨革命 170
㈢成功的黃金定律
正直、信守、堅實 179
「眞刀比試」見高低！ 180
有情與無情 182

專家就是拚命工作 184
自己的錢，公家的錢 186
社會是人才金礦 188
經營人的氣魄與耐力 190
就是免費，也要特別賣力 192
相安不一定無事 194
「有心」的事業 196
目標，倫理，紀律，效率 197
熱忱，勤勉，績效 199
適時的讚賞 201
聲譽是怎樣建立起來的 202
員工的標竿 203
相乘相加的力量 204
微粒的經營效果 205
天下事總要有人做 206

作時間的主人 208
從深夜到黎明 209
成功的黃金定律 210
創業成功的條件 231
爲「實現自我」而工作 239
傻勁與幹勁 243
他們是怎樣成功的 248
一代事業家的眞言 259
英雄出少年 262
熱情與激情 269
浦城舊事 272
接下強棒 281

一個傳播牧者的自白

我的牧童生活

我家世代務農，後來兼營商業，變成本土種田、外埠經商的亦農亦商的地主之家。

農家的生活，不比城市的富貴人家，無論貧賤富貴，總是一家總動員的。無所事事，好吃懶做者，昔日在純樸的農村，不能說沒有，但絕無僅有；此等「特殊份子」，無論在家庭或在鄉里，均爲人所不齒，有甚於今日城市中之要太保或流氓之混混兒。

所以，我生在農家、長在農村，很早很小就幫助做農事，甚至成爲農家的生產力一份子。

除了下田之外，我還做過牧童，牛羊我都放過。

而且是一個很稱職的牧童。

我家是一個大家庭，人數之多，不會比傳說中楊森家庭成員少，叔叔伯伯聚集在一個大院中的正廂各處，開飯時，就是打鈴也無法聽到。同輩的「學童」很多，我算是出色的一位。先祖母是大當家的「二奶奶」，常常以我為例：從小見大，將來錯不了。

後來，加入社會，我能有機會為國家做更多的事情，受到當年先祖母的「預言」鼓勵很大。

當時，一因先祖母的鼓勵，不是不能變壞，是不敢做一點壞事，這可能也是「盛名之累」的一種。

其後，逐漸長大，更不能壞，否則，何以對得起先祖母的一番殷望。

在學的農家子弟，星期假日以及寒暑假，都要下田或侍候牛羊。

每天放學後，往往也會被交代下來做一些事情。

還有一個特殊現象，就是碰到特別忙碌的時候，也會被交代下來，明天××兒，不要上學了，放一天牛。

因為在農村社會，讀書是最不值錢的，讀書不能當飯吃，萬般皆下品，惟有種田高。

當然，這是過去的農村情形，現代農村的觀念，完全不同了。

雖然平時也會下「召集令」，也有「特赦」情形，但眞正學童派上用場的，還是在寒暑假。家長們盼著寒暑假到來，可以用我們上場工作，我們卻怕寒暑假的到來，因為又要早出晚歸做粗活了。

放牛有放牛的學問。

牧羊也有牧羊的學問。

我放牛所以受到稱讚，是早出晚歸，而且會趕到有好草的地方，晚上叔叔伯伯輩，檢查牛肚子吃得鼓鼓的，就非常開心，這也就是一天辛苦最大的代價。

牛雖然不會說話，但牛肚子不會隱藏，同時，吃不飽的牛，還會一味地叫個不停。

我不知道當年蘇武牧羊如何牧法，但記憶所及，牧羊還眞不簡單。

放羊的鞭子，要會弄，更要會抽，抽得越響越好，固然要讓羊兒會怕，跟著鞭子響聲合羣走，更重要的，是以響聲鎭邪——不是驅鬼，而是怕野狼動腦筋。

放牛可以越晚回府越好，但放羊卻不能過晚，因爲野狼會趁羊羣擠在一堆，混在羊羣中溜進羊欄中，午夜過後，餓狼大開宵夜餐，天未亮，就溜走了，留下的，是血肉滿地，損失慘重。

面對此情此景，放羊的小孩子們固然駭怕，但當家的叔叔伯伯，更是難過不已，檢討追查原因，幾個月都無法安寧。

因爲，在傳統農村人的價値標準，牛羊比人命還重要。

居住在城市、在書本中長大的孩子，都不會體會出眞正放牛放羊孩子的辛酸。

但，這也是一種成長，也是多采多姿的童年生活。

多少童年艱苦歲月

一個人一生中所秉持的基本信仰、行爲與信念，往往種植於幼年的生活中。童年的生活，有美好的，也有苦痛的；有如意的，也有失意的。你所接觸的親長中，有對你倍加鼓勵的，也有對你冷言冷語的。無論鼓勵或冷漠，如能深加體會，加以吸取，都是成爲你生命成長中的營養劑。

我的童年生活，雖然很艱苦，但這些苦痛的歷程，對我後來加入社會、服務人羣，對我的基本信念的形成，卻有極大的影響。

很幸運的，我的童年生活，鼓勵我的、幫助我的人很多，因此，在我人生的道路上，幾乎很少遇到「壞人」，都是提攜我的師長、長官。我的人生觀，也就是樂觀的精神、報恩的精神與以身作則的「家長」精神。

我出生、生長於東北中長鐵路邊，遼南的一個小鎮。

我的家，在那個小鎭中，是一個大家庭。大家庭的生活以及對子女的影響，有利也有弊，有好也有壞，問題就看你怎樣想、怎樣適應、怎樣去體會。

農村中的大家庭，價值標準不同，家庭成員之中，往往有權有勢的，屬於和牛羊及土地有關的。不能下田，也不能靠牛羊賺錢的，都是閒人。讀書，被視爲最沒有用的閒人。

我的家庭中，我的父親是家中唯一讀書人。抗戰興起，父親奔赴國難，多年來未見音訊，留下母親及我兄妹，給「幹活」的人養。母親和我們兄妹三人，就成爲家庭中孤苦的「吃飯的人」，深深體會及驗證「百無一用是書生」這句話。

就因爲這樣的環境，我母親的處境最苦。我們能做一點就做一點，做事要搶在前頭，不能落在後面；好處不會落在自己身上，也從不做如此想。因此，很小的時候，我不只知道怎樣做事，且知道怎樣去搶着做事，怎樣學着吃虧。因爲當便宜輪不到你的時候，你能佔到的便宜，就是「吃虧」。這就形成我的「吃虧就是佔便宜哲學」。當然，我的「吃虧哲學」，還是受到我的外祖父影響很大。我的不識字的外祖父，他的吃虧精神，就是出將入相，也能感動天地的。後來我有機會讀曾國藩的安身治家的寶典，我的外祖父有資格做曾國藩的信徒，當之而無愧。

我的童年生活環境，不外伯伯、叔叔、堂兄弟一大羣一大羣人。農村以人爲主，不要進城去看人，家中人來人往都是人，好不熱鬧。他們對我都很好，對我期望也很大。我的祖母是一家之主，發號施令，常常要大家聽着，也要大家看看這個孩子「從小看大」。稍長，我不敢做壞事，能在逆流中勇進，多少和老祖母的「預言」有關。我的祖母，所以對我「另眼看待」，就是每遇出「公差」時，就是喊破嗓子，也是沒有人應，或是掉頭就走、或是躲躲藏藏，不好意思又找到我——叫到我，一定會照着辦不誤。很少有誤時、誤事的，不只是爲好面子的老祖母解了圍，也爲她爭一口氣，也平息家庭中的吵鬧不休的氣氛。

堂兄弟對我特別好，也有感動人的事。

我的祖父有四個兄弟。他老人家排行老二，也是當家的。因爲他除了能種田外，還能到外埠（大連）開創事業；因爲經商成功，除了會種田外，又會回到家鄉買田、買果園。四兄弟所組成的大家庭，雖然後來分了家，但一直都住在一起。我的四叔爺，在這個大家庭中，是較不受到重視的「一家」。但他們一家人對我母子兄妹三人卻特別好。

他們家，做點特別好吃的，常常推派代表，「偸偸地」送給我們吃，特別給我吃，我吃不到，他們就很難過。情感好是一項因素，還有一項原因，是我們「這一家」人比較苦的關係。

我的父親有三個兄弟。大伯走外埠做生意，三叔能種田也能做買賣。每逢趕集的時候，三叔總是帶點好吃的，夜晚人靜，關起門來，他們一家人，一面暢談市上所見所聞，一面享受零食之樂。這時，三叔總是偷偷地抓一把花生給我們母子吃。

如今，這幾個包子、幾粒花生，溫情無限，對我這一生做人的精神，卻享用不盡。

我的家和我的外祖父家，都是我們那個鎮中，旗鼓相當的大戶人家。農家的經濟生活，都是自給自足的，一年三百六十五天，除了過年外，很難見到一個銅板的零錢。我的外祖父家，除了自有菜圃外，還有好大的菜園和花圃。外祖父是聖人的個性、帝王的才能。外祖母卻有個性，難與人往來，也不爲我外祖父欣賞。小時候，我隨母親回「娘家」，我一不小心，溺了炕，第二天清晨起來，外祖母說了一句「這個孩子」，從此，我就有好久未再到外婆家。他們知道情形不妙，從此就再也不敢提那件事了，怕我臉紅。老姨很疼愛我們。常常把果園的果子，熟透了珍藏起來，留給我們吃。有時日子久了，都爛壞了，自己也捨不得吃。如今，想起來，無以報恩情，令人心痛。

鄉村的生活，無論貧富，都過着刻苦自勵的日子。甚至越有錢越是如此，否則就不會爲人看得起。下館子、吃好的，根本不與那一套。吃喝玩樂，是過年的事。大年夜開始，可以玩到陰曆二月。如果一個人平常穿件新衣服，吃點好東西，往往會被指爲「敗家子」。尤其是，中日戰爭後，無論貧富，確實很苦，都過着一貧如洗的生活，不需要再「裝窮」了。中日戰爭末期，如果發現「你家」吃「大米飯」，就會當着「經濟犯」處理。光復後，我家因爲祖父在大連經商，爲交通所阻，無法返鄉，祖母也過世，以時局不寧，鬧毛子爲由，於是父親輩的二兄弟，由大伯作主，分家了。我們母子兄妹三人，眞是相依爲命，生活更苦了。有一次，日子實在過不下去，我乃把菜圃中的大葱、白菜拔下來清洗一番，背着母親，挑着到城裏去賣，心想換取一點零錢度日。那個時候，沒有違規擺販之類，我東倒西歪，挑進城裏，就找到一個街角安頓下來，開始作起菜販生涯。城市裏人，見到我太小好欺或是菜確實很新鮮，一時圍觀起來，前抓一把，後拿一把，有的丢下幾個錢，有的乾脆拿菜就走。我正在急得滿頭大汗，欲哭無淚之時，忽然來了一位「大人」，把腰一插，阻止了他們一場「搶菜」風波，並教訓他們一頓。這位好心的陌生好人，安慰我一頓，給了我一點錢，讓我把剩下菜挑回家去。並說，等長大再出來做生意。當時，我又急又氣，對這位先生感謝不止。多少年來，這位好心先生，一直活在我心中，也影響我很大，一直奉爲「神明」。往往在一團體中，看到好人吃虧，弱者被欺，這位先生的身影，就會出現在我眼前，我就會爲那些暗中吃虧，而無力爭取者去爭。

我世奉伊斯蘭教，出生下來就是一個伊斯蘭教徒。起步走路時，就隨家人往清眞寺去玩、做禮拜。清眞寺的教長，知道我的父親，離家多年，久無音訊，也常常偷偷塞給我零用錢。好吃的東西，自己捨不得吃，留藏下來給我。在眾多孩子中，對我特別偏愛，次數多了，我自己不好意思，也就不敢再去清眞寺，甚至故意廻避教長。這個時候，教長會托其他小朋友傳話，要我到寺裏來一趟，常常鼓勵我、安慰我。這樣好心、偏心的教長，還不止一位，常常把我當成年人一樣看待，和我談天、聊時局，並安慰說：你爸爸會回來的。這，對我的一生影響也很大。到臺灣後，每看到「學琴的孩子，不會變壞」的廣告，心有所感，我自然就想起「到清眞寺的孩子不會變壞」。同時，也給我一個信念，任何一個人，總會有人注意，有人在關懷你，關懷需要關懷的人。

我們偶然看到「油盡燈枯」的情景，形容一個行將向人生告別的老人。其實，在日本統治下的東北生活——尤其我們鄉下，家家都是過着「油盡燈枯」的生活，我們雖然是大戶人家，也不例外。那個時候，那有什麼生活必需品。家中所點燃的燈，都是棉花心、菜仔油，煙很大，火光微弱，就是這樣，大家還輪不到每屋一燈，只能大家「借光」一番。就是在「借光」之下，也只是吃飯或需要「亮」的時間，照照而已。

這樣苦的日子過來的人，是沒有苦不能吃的。也因此，在我的人生中，沒有「苦」這個字。再苦的環境、再苦的事情，我都視爲平常，甚至視爲當然。

心安理得

俗語說：「身家性命。」也就是一個人到緊要關頭的時候，要考慮到一家人的生活與生計。

一位事業負責人，所承擔的責任與後果，那就不止「身家性命」而已，少者幾十人多至幾萬人，全在你的一念之間，緊要關頭，全在你一拚。

因此，中國農業社會和小商人的社會，當家的和掌櫃的，都是非常之人。一家興，一店旺，全靠當家的或掌櫃的功力。

面對危難、面對危機，終夜難眠，都是常事。套一句「經營之神」松下幸之助的經驗：「要成爲內行生意人，至少得要有二、三次小便呈紅色的經驗。」

一個人一生中，無論如何風光，也無論如何得意，總有困難的時候，甚至「危急」到不能過關的時候，這個時候，你怎麼辦？

總要度過的！

你要有此信心、決心與勇氣。

如何度過？

一個戰場的名將，當緊要關頭時，他不會想到孫子兵法或克勞塞維茲的「戰爭論」，他也不會靠孫子兵法「戰爭論」致勝的，但，他會有一種主宰、有一種信仰、有一種力量，來支持他的信念與果敢，最後贏得勝利。

這種信仰與力量，也許是有形的，也許是無形的，有時候，只是一、二句話而已，甚至一個故事，影響一個人的一生、一個國家的一生、一個民族的一生（我們都還記得孫中山先生兒時常聽洪楊故事，而種下革命的種子）。

我主持過事業，更重要的，我主持過艱苦的事業，當苦盡甘來之時，常常有人問我：你怎樣過來的？

的確，有些關口，確實很難過，甚至過不去，但你想到你必須過去的時候，你就會過了。

我雖然受過預官教育及服役，但未上過戰場，也沒有打過仗，我不知道戰場是什麼樣子，但一個士兵，面對生死，只有不怕死的時候，才會出生入死，而能越戰越勇。

事業經營之戰場，往往也是如此。

只要無畏自己的利害，才能克服難關。

一個人的利害，無非名利得失而已。

當你遇到困難的時候，你會從別人經驗中找答案，找成功的經驗。

因爲人間世，變化無常，但還是有「常理」在，甚至天地間，主宰宇宙萬物，只是幾套而已。豈止主宰天地，就是人的生活也是如此。

對我影響最大的，時時影響我的，還是中國人的做人道理、西洋人做事精神。

——做人求心安。

——做事求理得。

當我遭遇危機的時候，甚至無路可走的時候，有幾本書，影響我，其中一本是「使我成功的信仰」，一本是「荒漠甘泉」。

最近，我先後完成二套書的閱讀，一套是松下幸之助的經營管理全集，共二十五本，一套是DFP成功全集，共二十六本。

對了，這些年來，我做事的精神與態度，深受松下幸之助先生之影響。因爲我是較早注意他的理念，收穫也多。也由於松下幸之助先生的緣分，認識一些朋友。如已故的徐風和先生，我們第一次在一項餐會中相遇的時候，幾乎同時叫出「松下幸之助」的名字，洪建全教育文化基金會主持人簡靜惠女士、講義堂主人林獻章先生等，都是由於松下幸之助的關係而結識，成爲知識出版界的良友。

我從松下先生處，不知不覺中，學到二手：

一是路是無限的寬廣。

一是全力以赴。

松下先生九歲，還在念小學四年級的時候一個秋天，由於家計關係，乃由他母親送別，離家到大阪一個火爐店當學徒。這就是他全部的學歷，因此，他的著作，除了特殊場合演講外，都是幾百字的經驗之談，而且獨自成篇，他的學問，就是經驗，來自經驗，也是經驗的結晶。

「路是無限的寬廣」是洪建全教育文化基金會，在民國七十一年出版的松下先生言談選集，其中一篇就是「路是無限的寬廣」。

有關「路」方面的經驗，松下先生這樣說：

——自己，有自己要走的路，也有上天要我們遵循的道路。雖然不知道究竟是怎麼樣的一條路，但是總不是跟著別人亦步亦趨，我們自己要走的，而且不能重新來過的這條道路，有寬廣的時候，也有狹窄的時候；有上坡，也有下坡；有平坦的時候，也有汗流如注的時候。——一心只想步入別人的後塵，或者苦苦思索，停滯不前，這樣，路是不會寬廣的。爲了使我們前面的路寬廣起來，首先一定要去走，立定決心，努力的走下去。——縱然是十分遙遠的道路，只要我們不歇不停走下去，總會走出一條新的道路，深深的喜悅便能從這裏產生出來。

「路是無限的寬廣」，影響我的精神意志很大，當我或我的同事，認爲無路可走的時候，我就會想到：路是無限的寬廣。

說也奇怪，當我想到「路是無限的寬廣」的時候，路就出來了。眞是思想的靈丹。

天底下，那有絕人之路。

當你走出一條新路的時候，你突然發現：原來你依存的路，雖然好走（因爲走慣了），但並不是一條好路。

經營事業，無論順路或逆路，總有一些意想不到的困難與打擊，這個時候，你如果想不通，打倒你的，不是外力，而是你自己。

我因爲出身鄉村農家，無依無靠，因此膽子很小，但也奇怪，當同事沒有辦法的時候，我的膽子就自然大起來，我會安慰與告訴大家：我們會有辦法的！（因爲辦法是人想出來的！）

這個時候，你不能靠靈感，而要靠精神意志力的貫注，只要有意志，就有道路可走。你的無限資源，也在一個：想。我深服ＩＢＭ：THINK 的道理。ＩＢＭ就靠這簡單的一個字，而形成世界尖端事業的巨無霸。

刷牙在想，刮鬍子也在想，洗澡也在想。

這樣想，自然就會想出來。

凡人是如此，偉人也是如此。古希臘偉大數學家和發明家阿基米德，就在洗澡的時候，發現液體中之物體與流失的液體重量相同的原理。經過是這樣的：

阿基米德是古希臘偉大的數學家和發明家。他的國王——也是他的朋友—請他幫忙解決一個很特殊的問題。國王要做一頂純金的新王冠，便把分量恰好的金子交給了金匠。但在金匠把王冠呈給國王之後，國王卻懷疑這頂王冠不是純金的。他認爲金匠留下了一些黃金，而以其他金屬來代替。

國王要阿基米德檢查王冠是不是純金的，但是卻絲毫不可以損傷到王冠。爲此難倒阿基米德。他想了好幾天，卻沒有找出任何解決的辦法，但是他的潛意識仍一直在工作著。有一天，阿基米德進入一個裝滿了水的浴盆洗澡，水從浴盆邊溢了出去。阿基米德注目了一會兒，突然高興地大叫著：「尤瑞卡！」

一個答案從他潛意識閃進他意識的心智裏。

這種靈感的閃現，是以你所見到、聽到、嗅到、嘗到、感覺到、經歷到或想到的某件事物，在你心智中以形象出現。

阿基米德的靈感是，拿出三個相同的容器，在每個裏面盛同量的水，把王冠放在第一個容器裏，把國王給金匠同重量的黃金放在第二個容器裏，再把同重量的白銀放在第三個容器裏，然後測量從每一個容器裏溢出多少水量。

而實驗證明金匠確實玩了一手。金匠以銀來代替金，而把部分金子私藏下來。（「DFP成功全集」，第二十二册，第二〇二～二〇三頁。）

當然，人生就是一種考驗。

處處都在考驗一個人的所做所爲。

面對大問題，就是一大考驗，也需要大勇氣來面對。

一個人基本不爲所動的力量，還是信仰。

眞正的信念，是在面對困難的時候，受到眞正而嚴厲的考驗。

事不關己，或別有利害者，只是旁觀者。主其事者，就是大擔當，也就是大魄力表現的時候。

主其事者，要能吸能吐，能收能放，想得開，看得遠。要知道什麼對這個問題最有用，也就是你知識活用的時候。

「全力以赴」是松下先生另一做事精神。

關於「全力以赴」的意義，松下先生這樣說：「任何工作，祇要全力以赴，將產生一種自己安慰自己的心情，產生自己撫摸自己頭腦的態度。」

這就是「全力以赴」的由來。

很幸運的，不知不覺地，在精神上我又與松下先生相契合。

那是我在服務臺灣新生報社長期間（民國六十五年六月至七十年六月底），每月在報社內部刊物撰寫「同心橋」的方塊專欄，寫編採經營工作心得，以求教於同仁，以與在社內外同仁共勉，這些隨想隨寫的雜文，算不了什麼，想不到離開新生報後，突得老同事重視起來，要結集出版，共得四十二篇，代爲命名「全力以赴」，並說：這四個字最能代表那個時期我經營臺灣新生報的精神。文經社主持人吳榮斌兄，也曾在新生報拔刀相助，客串主編「財富版」，樂於爲本書出版，以作爲「事業經營的試煉」，這是「全力以赴」的由來。松下先生在前，我不敢掠美「全力以赴」，我只是自覺資質較差，所能所當爲者，只有「全力以赴」了。

「全力以赴」就是堅定的實踐力。

所幸者，這「全力以赴」曾在事業中產生了效果，但這不是我的「全力以赴」之功，而是事業「全力以赴」之功。

辦法是人想出來的？

——兼答「心安理得」讀者

我在「心安理得」一文中，曾談到我的奇妙經驗：「當同事沒有辦法的時候，我的膽子就自然大起來……我們會有辦法的！」而且，更奇妙地，辦法眞的出來了。（原載「華副」，七十八年二月十九日）

許多人對此一經驗，非常有興趣，問我如何會有這樣的經驗？

我要說的，當一個事業面臨生死存亡的時候，你沒有辦法也要有辦法。別無選擇，除非你甘願失敗，舉手投降。

當面臨危難，急待突破的時候，通常，我會有三種狀況：

第一、當問題或危難沒有來之前，你不只是知道，而且早就有腹案了，也就是胸有成竹。

第二、是直覺的反應。當問題突如其來的時候，一個答案立刻會湧上來。

第三、先接下來招，慢慢再想，想答案。

關於第一項，往往事業經營者有一種先見之明，他會感受到，一個問題卽將到來。當眞的來的時候，你的答案就有了。

事情未到，我就知道事情要來了，這樣的訓練，和我的記者與宣傳工作生活有關。新聞記者對於環境，特別是新的環境，有一種特殊的敏感，當大事未發生的時候，往往會有預感：要來了。這可能屬於職業特殊敏感，當然和你留心留意也有關，所以，你看的就會比別人早，也比別人遠。因此，在心理上以及實際準備，就會比別人早。

我曾在中央第四組擔任編審以及後來中央文化工作會擔任總幹事工作。這二項工作，都極具挑戰性，非有事先準備，無法應付緊急的工作。在編審期間，我追隨當時的主任陳裕清先生，學習不少西方處事的快速超然的精神。往往重大事情發生，重要會議結束之後，就要立刻有宣傳文件出來、發出。陳主任個性很急，當他要你撰寫的時候，不要說找資料時間，就是想的時間都沒有。往往他一杯咖啡未喝完，他就會從辦公室出來，問問寫得怎樣。看你有爲難之處，他就接下來，關起門自己動手開筆。（陳主任是記者兼學者，所以寫出來的東西，又快又有深度，他習慣用小張便條紙寫，寫一張送出一張，就打字一張，這樣緊密配合，寫完了，也就打字好了；就可以送發出去。）這樣重要工作，又碰到這樣好的長官，你就非在事先充分準備不可，你知道這天會議討論什麼、主題是什麼、新聞背景如何，請新聞界配合什麼，事先，甚至幾天前，你就會有預備，資料就要輸入你的「腦」中。

這個時候，眞是天下事：「豫則立」。

關於第二項，這是很奇妙的經驗。往往突如其來的問題，你就會有突如其來的答案。這個時候，眞是「棋逢敵手」。這大概就是藝術家文學家所指的靈感之類。面對這樣的震撼，你就會覺得，人腦比電腦還要快千倍萬倍。人腦眞是無窮。只要你裝得下，什麼都能裝。整理的功夫，也是「天路歷程」。

只要你用心，天下事往往也會得來不費功夫。發明家是如此，事業家也是如此。第二次大戰後的重大發明：拍立得照相機就是一個很好的例子。

艾德文·藍德的拍立得公司，出產著名的六十秒照相機，而成爲一九六〇年代後期，美國股票市場的神話。一九三〇年代你投下一百元，三十年之後，就變成二十萬元，升値二千倍，這是快速冲洗底片照片發明，而得來的幸運。

藍德的發明，卻是來自一個偶然的靈感：第二次世界大戰中的某天，當他正在替他的女兒照相的時候，她不耐煩地問，她什麼時候可以見到照片。當藍德在解說冲洗照片需要一段時間的時候，他突然想到，照相術在基本上犯了一個錯誤，爲什麼我們要等上好幾個小時，甚至好幾天才能看到照片呢？

關於第三項，就是「處變不驚」的經驗。面對危機或危難，最重要的一項武器，就是心理。心先定下來，再慢慢想辦法。這個時候，你也許心驚肉跳，但形之於外者，不能有絲毫驚慌，這個時候，也就是平常心。

天下再壞的事情，也會過去的；再難的關，不管你能不能過——也會過去的。

當你的心神甫定之後，想，一直想，就會想出來，辦法就有了，路子就通了，這個時候，不管一刹那間，或是幾天幾夜，你要全神貫注，隨時都要想，很奇妙的，或在散步時，或在刷牙時，或在洗完澡一瞬間，答案有了，甚至會發現，新發現的路，比原來的路更好。

這個時候，你也會發現：世界眞是奇妙。

我處世與做事，還有一個習慣，對於臨事不亂也有幫助：

當別人說容易的時候，我心裏就會想，不是那麼容易。

當別人說難的時候，我心裏也會想，不會那樣難。

事實往往眞的如此。

因此，當意外碰到難的時候，我心裏早就有準備：本來就是很難。你就不會爲難所嚇倒！

我的新聞採訪生活

我是學新聞的，我也是記者出身。不只是記者出身，而且記者的生活，對於我一生從事新聞工作的思想言行影響很大。

我的記者生活和新聞報不可分的，而且新聞報的記者生活，就是我記者紀錄全部，在這之前，只有在學校實習報紙做過記者，之後，雖然與新聞及新聞聯繫有不解緣，但卻再也沒有機會做記者了。

因此，新聞報的記者日子，令我難忘，也令我回憶無窮。

我是新聞報改制後開始加入新聞採訪工作的行列。

新聞報原是臺灣新生報南部版，其間籌辦經過以及改制經緯及成效，吾師創辦人謝然之先生在「創業維艱發展更賴團結奮鬪」一文中敍述得很翔實，也很眞切（載於：七十八年五月一日至三日臺灣新聞報第十二版）。

謝師在「創業維艱」一文中，有以下的回憶：

「民國五十一年六月，本報改制更名爲臺灣新聞報，……同時爲加強臺北採訪工作特設辦事處請歐陽冠玉與石永貴二位負其專責，他們積極活躍，常能搶到中樞要政的獨家新聞，以與臺北各報競爭，使本報倍增光彩。永貴在本報工作時已顯示其卓越才華，以後擔任新生報總編輯兼副社長而升社長。現主持中央日報社務，昔日同仁皆感與有榮焉。」

這短短幾行字，道出了一位新聞學良師的獎勵學生的精神，除了感謝與加倍努力外，我要加以補充的二點：

一、新聞報脫離新生報母體，而成爲新生報的姐妹關係，是在民國五十年六月二十日（謝先生文中所指爲五十一年六月，可能爲筆誤）。我是在民國五十年三月十二日應聘爲新聞報臺北市特派記者。

二、當時負責採訪的是歐陽冠玉先生，而我是在他旗下的一名記者。

我記得，我有機會參加新聞報臺北採訪工作，是社長趙君豪先生親自打電話給我的。豪老在電話中告訴我，奉總社長之命，要我參加新聞報臺北採訪工作。豪老長者風範，語詞親切，但態度堅決，說：總社長非要你參加不可，並指明要採訪黨政要聞。

因爲當時我正在完成政大新聞研究所碩士學位最後的課程及論文，並不急於就業。

但師命難違。

第二天，就由歐陽冠玉先生率領我們辦事處採訪人員，往中央第四組晉見謝主任然之先生。聽其有關採訪的指示。

當時的陣容，眞是浩浩蕩蕩，都是歐陽先生精心之選。只有我，沒有經驗，是謝先生的學生，而且也是在學學生。因之，也格外受到照顧。謝師也對我特別親切。雖然沒有說出來，但他對我這個學生，字裏行間，有信心，不會使大家失望。否則也不會把採訪重擔——黨政要聞加在我身上。

就記憶所及，當時新聞報臺北採訪處的陣容是：

應　偉：外交。

阮日宣：軍事。

吳益壽：經濟。

王文瑞：社會。

李　迪：體育。

劉顯廣：影劇。

石永貴：黨政要聞。

冠玉先生是以副總編輯之尊領軍的。

當時的採訪辦事處，先是設在武昌街一個小巷內，還是借新聞天地臺北辦事處湊合的。因爲歐陽先生也負責新聞天地臺灣的業務。

所謂辦事處，也是在下午四時前，到那裏發稿，以便趕寄當日火車稿南下高雄班車。之後，才移到衡陽路新聞大樓的一間屋子，與新生報相隔鄰，也有了電傳設備。

新生報南部版突然成爲新聞報，被採訪的單位很不習慣，因此，遭遇不少困難，遇有重大採訪，常常被遺忘或被歧視。常常遭遇二點不利之處：

一、你們不是新生報南版麼？都是一家，何必多此一舉分彼此呢？複印大家用用，多省事。

二、就算是新聞報，因爲在南部屬於地方報，當時的地方報，很不重視，常常受到輕視。

我據理力爭，尤其與當時安排記者的行政院新聞局爭得最多。當時新聞局主任秘書邱楠先生，是在政大教我廣播電視的老師，對我也有認識，記者名單到他手邊時，特別助我一力，我可以少受一些委屈。

當時新生報的牌子還很響亮，一些長輩或新聞界先進，看我很吃力，就勸我，何不用新生報的招牌，或是新生報南部版，就方便不少，也會受到重視。我年少氣盛，同時，爲了創牌子，非要用新聞報不可，甚至寧肯受委屈，也非要大聲叫新聞報不可；我就是新聞報記者，怎樣！

由於採訪新聞的關係，認識不少朋友，包括新聞界在內。當時的黨政要聞，沒有現在劃分這樣淸楚與細密，還包括立監二院在內。

我和跑立法院的朋友相處都很好，長期併肩作戰的是中央日報記者賀照禮兄。一方面中央日報牌子很響亮，在立監二院吃得開，另一方面我們是政大新聞研究所同學，照禮是學長，其爲人正直與風趣。由於國會的採訪，我們成了一生的好友。照禮不管在臺中，在美國，都和我保持密切連繫，親如手足。

當時，我等於是實習記者，新聞報招牌初創，而照禮是王牌記者，中央日報又是金字招牌，因此，我在採訪時，靠照禮多，尤其立監二院重要文件，他都會透過特殊管道私人交誼，先弄到手，照禮毫不保留地與我共享，此固與我們交情非淺有關，同時，新聞報遠在高雄，怎樣也影響不到中央日報，也有關係。我也有爲照禮分勞的時候，就是盯到底，尤其立法院委員會議，往往會有精彩場面出現，晚上到了下班，甚至過了晚飯的時間，立法委員還盯著不放，挑燈夜戰，這個時候，會等來精彩東西。記得有一次黃季陸先生當教育部長的時候，教育委員會就和他對上了，黃部長一貫擺龍門陣作風不靈了，終於向立委投降，好像是爲了空中教育事。

諸如此類，我等到最後，往往等到好新聞，我就會投桃報李，一五一十，原原本本，先電話飛報照禮老大哥，我才安心自己寫稿。

越南戰爭千變萬化，阮樂化神父曾是英雄人物。

阮神父曾回國訪問，接受英雄式歡迎，並在立法院報告越南戰爭前途。我在場採訪，當晚除了發新聞外，還寫了一篇特稿，我自擬一個題目：沒有階級的司令。第二天刊出來了，這篇特稿及題目，算是我得意之作。

「梁兄哥」凌波返國，人山人海，萬人空巷，說是臺北變成瘋人城，恐怕還嫌不够。由新聞局主辦的酒會，在臺北賓館舉行，我透過我的老師邱南先生的關係，爭到一個採訪證。

當晚，我寫了幾條花邊。負責核稿的歐陽冠玉先生，一面看稿，一面說好，一面打圈圈，看他的表情，比影迷看到凌波還高興。

冠玉先生一直是關懷我、愛護我、鼓勵我的長者，他雖然沒有直接教過我，但他對我的影響，就是良師就是恩師。

冠玉先生是良師是益友，但做他的記者卻很難、很苦。

他視新聞如命，他面對新聞眞是六親不認，好就是好，壞就是壞，難逃他的法眼。新聞沒有跑好，新聞沒有寫好，他就盯著你不放，一晚都很難過，也不留情。記得，當時一位政大新聞系小學妹來新聞報擔任採訪工作，有一個晚上被駡得哭出來，眞是無地自容，我以學長身分解了圍，請她到隔壁凱莉餐廳喝一杯咖啡，解解圍，消消氣。這位仁妹後來到了美國，也有些成就。

冠玉先生整個生活都是新聞，他的家裏床邊、書桌都是新聞資料，平時右臂夾一包東西，都是當天的報紙。

新聞一來，他就動起來，各種關係都用得上。

記得民國五十一年四月二十八日一條華盛頓美聯社電，甘迺迪政府任命美退休海軍上將柯爾克爲駐華大使，國人對他都很陌生，於是，歐陽先生靈機一動，把他的老朋友海軍作家何毓衡先生請來了，如數家珍地寫柯爾克其人其事，和中國海軍的淵源。

當晚我們都很奇怪，以爲又增加一位採訪老將，但又不敢多問，第二天新聞報自然就特別突出與精彩。

然之師說得也沒錯，當時的新聞報確實「搶到中樞要政的獨家新聞」。記得出入大陸的空軍勇士U2陳懷生，也是那時候風雲人物，不幸遇難，阮日宣先生有特殊管道，也有精彩之作。

那個時候，邊疆有不少新聞發生，冠玉先生身邊有一位神秘人物——廣祿委員，一提到他，我們就有預感，在這方面又有新聞發生了。

冠玉先生眞是天生的新聞迷。我的新聞觀、新聞熱情，深受其影響。如果從頭再跑新聞，我還是願跟隨他。

那個時候，新聞報可寫可記的事情很多，記得，在沒有傳眞之前，還要用電話報新聞至南部報社，我們都輪流報過，以吳益壽兄最受歡迎。後來才有「老曹」坐鎭傳眞機旁。

記者除了採訪新聞外，還有些雜務，我常常做的，是幫拉專論或社論稿。記得有一次一清早，我到立法委員，也是政論家謝仁釗先生家等稿，他老先生一高興，不能收筆，超過預定數好幾千字，我照收照謝不誤，回過頭來，再拜託高雄的主筆室。

新聞報在那力爭上游的日子，經營很艱苦，記得當時的編輯主任裘孔俊兄常來臺北，策畫專案，以配合業務。裘兄很熱心，常常給我一些指導，很有用。

歷任的總編輯：荆溪人、康吉人（祥）等，對我都很好，也很有緣份，可惜葉燕翼兄早逝，他是一位熱心的好人。多少年後，我們還有機會一起出國訪問，還一起合照一些像留念，這都是新聞報所留下的眞情。

徐睦洲（昶）兄也在民國六十五年，我在新生報總編輯、副社長任內，被當時的社長李白虹先生聘請，北上加入新生報的工作，後來出任總編輯、副社長，直到今天，這都是新聞報的緣份。

民國五十二年十一月二十二日，深受美國愛戴英俊瀟灑的甘迺迪總統被刺身亡，是日上午我往北門口的美國大使館申請留學生赴美簽證面試。口試副領事是HART，至今記憶猶新。

不久，我就離開臺北赴美求學。雖然離開臺北採訪工作崗位，但並未脫離新聞報。謝總社長然之先生念及我求學之艱苦，特別請新聞報每月給幾百元新臺幣作爲稿費，數目雖不多，但也屬例外與難得。事實上，我到美國初期，每週還依約寫美國見聞點滴及美國大選，後來，因爲功課壓力大逐漸減少了，每月稿費亦就適可而止了。

民國五十六年十二月二十五日，我在明尼蘇達大學新聞傳播學院學位暫告一段落，返回臺北。那個時候，然之師剛好以中華民國代表團顧問身份出席聯合國大會，我在紐約晉見然師。並報告家父、母念我之苦，然師鼓勵我學成返國服務。

回國後第一個工作，就是回到歐陽冠玉先生所主持的新聞報辦事處採訪工作，並委以特派員名義。冠玉先生對我公私皆多所照顧與體諒。我感念很深。

明大新聞傳播學院以理論見長，我在明大所受的新聞傳播教育，也是以理論較有心得，當時的名師如新聞法權威吉拉德、國際傳播大師尼克森等，也是謝師之舊識，愛屋及烏，對我也特別照顧。加之國內採訪環境也有些改變，因此，我在採訪工作方面，就沒有往日得心應手，甚至有些力不從心。

在這個時候，剛好中四組主任陳裕清先生需要一位有新聞背景、受過美國新聞教育，作第一室編審，我因在「中副」發表過一些文章，引起當時的中央日報社長曹聖芬先生的注意，就把我推薦給陳先生。

於是我離開新聞報，從此也就正式脫離新聞採訪崗位。時在民國五十七年十一月一日。

結束新聞報之前，我在新聞報還有一段挿曲值得一提。

自美重返新聞報臺北採訪工作不久，就隨靳春華等先生到高雄參加一年一度業務檢討會。在那個檢討會結束前，侯社長斌彥先生特別點名要我報告一下美國報業心得，是一種考驗也是鼓勵。

當時，高雄社會風氣大開，夜生活百無禁忌，我們來自全省各地的人員，報社請客，到舞廳風光一番。我乃隨歐陽先生行事，同時，入報隨俗，也就大夥進去了，人多膽大，進到舞廳，招待的人看到新聞報的人，招呼非常小心，連說：對不起，沒有小姐。我眼望四方，不是有幾十位小姐在那裏候教麼？後來才瞭解，所謂「沒有小姐」，是沒有紅牌小姐，那邊一堆，都是坐冷板櫈的。在我看來，都是一樣，就好像不會抽煙喝酒，什麼煙味酒味都一樣。我很想湊合湊合，但怕破壞規矩，弄壞了氣氛，未敢輕舉妄動。

但這一經驗，給我很多人生啟示，冷暖自知。這一啟示，對於我後來經營事業，面對苦難與寂寞，很有幫助。

採訪工作雖已結束，也揮別新聞報，但和新聞報緣份仍在不斷持續。

民國六十四年十一月我加入新生報，與新聞報同屬一個報系，與新聞報有姊妹關係。

就在民國六十五年十一月一日，我就任新生報總編輯之前，我還認爲葉建麗兄比我更適合此一職位，他與新生報關係很深厚。只是當時新生報環境太苦，爲建麗兄所婉謝。

建麗兄和我一樣，也擔任過文工會總幹事。

就在民國七十七、七十八年間，「六合彩」鬧得烏煙瘴氣的時候，我們全國八家報社，包括中央日報、新生報、青年日報、國語日報、臺灣日報、中華日報、新聞報、新聞晚報，爲了伸張社會正義，採取共同合作措施，每二個星期都見一次面，在一起開會，大家有共同目標和理想。

每次聽到新聞報業務蒸蒸日上，爲南臺灣報業重鎮，羡慕之餘，更敬佩當年謝師創辦新生報南部版、改制爲新聞報的高瞻遠矚。

新聞報的命名，一定有其源流，但我們一想到新聞報，就想起當年上海的申報與新聞報的風行與地位，高雄新聞報或源於此。

作爲曾是新聞報的一員，値得驕傲的，今天的新聞報，在高雄的地位，足可和當年新聞報在滬江的地位比美。

高雄，在現在臺灣的報業以及未來中國的報業，地位越來越重要，我們相信，新聞報的地位，在葉建麗兄卓越領導下，必須更爲突出，更爲健壯。

十年寒暑雲和月

自民國六十四年十一月一日，從臺灣新生報到臺視，我投入大眾傳播事業工作，匆匆已經十易寒暑了。

回顧過去，在這段漫長的耕耘中，我很慶幸地能夠在工作崗位上，盡心盡力去做，原因自然很多，但也和我曾經受教的學府：國立政治大學新聞學系、新聞研究所、美國明尼蘇達大學新聞暨大眾傳播學院，所加諸於我身上的深刻影響，不無關係。

記得大學時代，「報業管理」課程任課教授宋漱石先生（立法委員，已謝世多年），是大陸武漢日報時代的老報人，曾要我們以「怎樣經營一份成功的報紙」爲題，交一份學期報告。當時，我們純粹抱著完成一門課程的心情，完成了這份報告，做夢也沒想到後來眞的讓我在現實環境中，遭遇了一次眞實的演練。說句膽小的話，這樣重的擔子，讓我挑，「眞的嚇死我了！」

新聞研究所時代，我以「臺灣電視節目製作之研究」作爲碩士論文題目，當時也絕沒想到日後竟會在電視工作中，扮演這樣「重要」的角色，如果論文有用，這可能是對於一個職業的需求，最有用的「論文」了。

民國五十三年赴美就讀，五十六年返國，學業告一段落。這是我的求學生涯中另一段難忘的經歷。在美國明尼蘇達大學新聞曁大眾傳播學院期間，眞是名師如雲，都是在美國新聞學術天地中的頂尖人物，我有幸得能在學海中更求精進，同時由於體認了中西文化的長短異同，也使我對自己的國家、自己國家的前途產生了更深刻、更深厚的信念。

完成明大學業回國後，我將國外所學、所見、所感受的，曾經爲文在「中副」發表，得蒙國內長者從文字中認識了我。這些長者長官如謝前副總統東閔先生、曹聖芬先生、吳俊才先生等，都與我素無淵源，互不相識，但是由於這些文字，他們本愛護青年，無私地給予我愛護、提携，才使我在社會上，有更多的服務機會。

十年的大眾傳播工作生涯，除了滿懷知恩感恩之外，還有兩點感想：

一、不論事業如何複雜，自己本身一定不能複雜；不論一件事情如何複雜，必須加以簡單化。

二、不論從事任何事業，只要良知尚存，就不必怕困擾、怕挫折。

電視事業，在我們這個社會中，是最艱苦，但也是最能得到回報的事業。

我做任何工作，都是本著盡心盡力去做，從事電視也是如此。這些年來所經歷的艱難、痛苦，歸結起來有兩點：

一、電視節目是結合團隊精神、集體智慧的工作，很難配合完善，達到心目中預期的理想標準。因爲未盡責任，不用心，做不出符合社會水準的節目，我最難過，也最痛苦。

二、不公平的、與事實相去甚遠的批評，常會消滅電視工作者的熱忱，往往令我心痛不已。

但，不論工作環境何等艱難，我還是一本良知堅持去做。只要能夠肯定自已係本良知做事，不論他人是否瞭解與諒解，我還是要一往直前，突破一切困境，不理會任何困擾，堅持到底，爲實現大衆傳播服務人羣，有益社會的目標而努力。

不信命，不迷信

一

民國七十七年二月間的一個晚上，有關方面傳達當局的意旨，要我投入中央日報的工作。並說：大家比較關心的，是你要去的工作崗位，比現在重，但環境比現在苦。言下之意，希望我能勉爲其難，承擔重任。

我當時就想到清朝中興名臣左宗棠在其曉諭諸子家書中所示的：「天下事總要人幹，豈可避難而就易」。

就是我當時的心情，也是此刻的心情。要我到逸樂的地方，也許有謝絕的理由，要我到艱難的地方，總要迎頭而上。

不過，我本想一朝從公務崗位上結束後，到一家有理想的雜誌社當一名義工，做點自己有興趣的工作，並以另一種方式與生活，服務人羣。

如今，仍然要在新聞報業戰場上衝鋒陷陣。

我是一個有宗教信仰的人，不相信命運，更不迷信，但艱苦的重責，總會輪到我身上，過去臺灣新生報如此、臺視如此，今天的中央日報也是如此。這是我的幸運，因爲生逢此時，又可大顯身手。

既然來了，就要埋頭苦幹奮鬪下去！

我的人生觀與衆不同，往往把難的事情，看成容易的事；把容易的事，看成難的事；況且苦中有樂，樂中有苦！

二

今天前來中央日報工作，我懷抱著一種感恩的心情，感恩於「飲水思源」。

中央日報與我，淵源深遠，回顧臺灣光復四十三年來的社會發展，和個人的生活回憶，早期大家的生活都相當困苦，在那種物質缺乏的年代，早餐想喝杯牛奶都是一種奢求，而中央日報卻是大家每天早晨必看必讀必存的一份報紙，是艱苦奮發時期的精神營養劑。

在個人成長、求學、進入社會服務迄今，中央日報是我每日必看的報紙。

很多朋友都知道我喜歡寫作，也寫的很勤，常常投稿。不過，很少人知道，向中央日報副刊投稿的經驗，使我受益無窮。

因爲自己投稿「中副」被刊出，使我常得到長輩或長官的重視、鼓勵和肯定，甚至有一次出國開會回來，入關的時候，一位稅務司看到我的名字，揮揮手表示不必檢查行李了，當時我心裏猜想：也許他認出我是臺視總經理。沒想到他竟說：石先生，您曾經和張伯敏、逯耀東、楊允達幾位先生一起在「中副」發表過文章很感人，我看過您們的文章，所以認識您。

不是我的文稿好，而是文章在「中副」發表，能贏得社會人士的肯定，這是我的親身體驗。

雖然我投稿勤快，錄用的機會並不多，常常被退稿。不過正由於常被「中副」退稿，使我從中得到許多教育與啟示，深深感覺到中央日報選稿、審稿的嚴謹。正因爲被退稿，才知道自己有所不足，必須更加倍努力才行，這種覺悟使得自己有所精進。

因此，過去十多年裏，我換了好幾個工作，每次我都請孫如陵先生作爲我的貴賓，感謝他十多年來主編「中副」時，常常退稿，給我磨練的機會，使我知道，要想在社會上立足，還需要再努力。

三

中央日報航空版與海外僑胞、學人、留學生的關係，非常的密切。到國外讀書的人，與中央日報航空版最爲密切。因爲人在國外，二種東西最爲急切：一是家書，一是航空版。自國內去美讀書的人，都很勤奮的，考試更是拿手，但往往爲了趕到圖書館看「新到」的航空版，誤了考試是常有的事。怪的外國教授非但不怪，還時常安慰地說：好可憐的孩子！對於薄薄的航空版就更爲好奇，恨不當初爲什麼沒有唸中文！

當時中央日報航空版是聖經紙，事實上，它在留學生心中就是「聖經」。

中央日報航空版眞是珍品，有航空版之人眞令人羡慕，也是留學生之家，大家爲了看中央日報航空版，就往那個家跑，一家甚至跑幾次，像戀愛中人一樣著迷。

自從今年元旦，政府宣佈開放報紙登記及增張辦法以來，在新聞圈裏、在讀者眼中，中央日報的優異表現，有目共睹。今天我想指出一個現象，那就是報紙登記及增張辦法開放後，報紙競爭陷於一種紛亂的情勢，數量過多而內容乏善可陳的報紙，已使廣大的讀者感到閱讀報紙是一種負擔、一種壓力，他們甚至表示，希望每天只要能看到一份內容及言論完善且負責的報紙，就够了、就好了。

我覺得這正是中央日報今後的任務與使命，我們要將中央日報辦成一份符合知識界及有智慧讀者需求的報紙，在報導新聞，處理言論時，做到不偏不倚，持平公正。

談到辦報的原則，我想借用紐約時報社長沙茲柏格，一九四三年在時報廳舉行的一次教師集會上，他以「我們」爲題演講時，所提出的紐約時報的精神所在，和他的辦報原則。他說：「對時報而言，我們所要爭取的廣大讀者羣，是那些具有智慧的美國人。他們需要的是消息，而不是消閑；他們要看的是未經潤飾的事實眞相；他們知道，在我國歷史上此是危急存亡之秋，凡事應以國家爲首，自由始得確保。」

這，就是今日中央日報所面臨的環境，所承擔的大責重任。有「智慧的美國人」及「凡事應以國家爲首，自由始得確保」，値得我們借鏡。

今後我們將秉持著中外前輩先進辦報的精神，希望中央日報全體同仁共同努力，使中央日報成爲：「堂堂正正、實實在在、大大方方、活潑可愛、清新可喜、與衆不同」的報紙，切實做到我們報紙上的每個字、每寸廣告，都是負責任的，對讀者有用的、有益的。

四

至於怎樣辦好中央日報，做爲一個中國國民黨文化事業經營者和新聞事業經營者，我認為要以「前仆後繼、勇往直前」的革命黨人精神來辦報；也要以新聞從業員的「捨我其誰、力爭上游」的犧牲精神來辦報。

辦好一份中國國民黨經營的報紙，中央日報每位員工心中一定要有青天白日、中央日報和讀者。道理很簡單，我們心中有讀者，讀者心中才會有中央日報，希望以此大家互勉互勵。

如何辦好一份符合今天讀者願望的報紙呢？

我們應以辦報的精神來辦中央日報，以中央日報的精神來完成中央日報的理想。社內每位員工都是中央日報的貢獻者，在未來艱鉅奮鬬的日子裏，必須從開源節流著手，達成收支平衡的經營目標。我們全體同仁必須以今天的「共苦」，來迎接明天的「同甘」。

「胸懷大陸、放眼天下」是中央日報未來發展的目標。中央日報的目標，也就是全中國人的目標。今天的中央日報，不要只看到眼前的利益，眼前的讀者，要胸懷大志，關懷大陸，放眼天下。因為「中央」是大陸及海外中國人心中之「神」，我們要珍惜。

我們要準備以電傳衛星，把中央日報傳至中國大陸每一個城市，世界各地有中國人聚集之地，要讓大陸同胞共享我們的精神，海外僑胞分享我們的精神。

我們以報人的良知、正直、無私與眞誠，建立新報業的精神長城。

五

歷史的興衰是一面鏡子，一份報紙的興衰也是一面鏡子，中外亦然。紐約時報經過百年艱苦奮鬪，在一九五一年紀念創刊一百週年時，獲得普立茲獎的名記者，紐約時報專欄作家梅耶・柏格感慨地說：「一百年太老了，但也太年輕，一百年只不過一個世紀而已。」有六十年歷史的中央日報，亦復如此，中央日報的成就在過去的光榮，中央日報的前程，則在未來光明的百年大業。

經過三十年刻苦奮鬪，奥克斯經營紐約時報成功之後，一九〇〇年寫到：「世事循環，永恒不息，三十年河東，三十年河西。」

爲各界所期望的中央日報，亦復如此，也要有這種堅毅的信念，在先進引領下與同業攜手、與同仁合作，每個人從自我、從現在做起，以志士仁人之心，結合天下志士仁人，大步向前，開創中央日報的事業，也開創中國人的大事業。

我怎樣辦中央日報？

——堅持理想、脚踏實地、與眾不同而已

一年一度的九一記者節就要來了。新聞鏡發行人歐陽醇先生，也是在我離開學校後，指導我採訪工作的良師，在八月十五日打電話給我，要我寫一篇我如何辦好中央日報的文字，我接到這樣一個題目，我的心情，就正如于衡先生在寫「李煥這個人」的心情，是一樣的：「是不能打折扣的」（請見新聞鏡，第三十一期第七頁），因爲歐陽先生是非常認眞的，尤其是新聞採訪寫作。

每年都過記者節，除了抽獎摸彩吃飯之外，似乎看不出有什麼特殊意義。這二年，自從報業開放後，記者的身價就不同了，早晨和晚上不同，今天和昨天不同，甚至若干負責公共關係者，見到他所熟悉的記者先生小姐，必須小心翼翼地先問：今天您代表那家報社？記者的地位也不同了，有錢的老闆要辦報，不管是主動的，還是被動的，首先是挖自己所熟悉的

「記者朋友」，把編採架構組織起來，當然要高薪也要高位。

這就是今天的報業現形。

風雲際會主持三家媒體

一個學新聞的，十三年間，風雲際會，先後主持過三個不同的（公營的、民營的、黨營的）大眾傳播媒體。現正處在一個報業強勢旋風中，我所服務的報社，似乎處在巨風的峽谷中，他有何德何能，完成新聞經營的使命？這可能是歐陽醇先生出了這樣一個題目的目的。因爲我知道歐陽先生在新聞部署方面，向來是彈無虛發的。

我學的是新聞，一出校門，就有幸追隨歐陽先生從事新聞採訪工作，因此，依新聞處理的慣例，還是開門見眞章：全心全力而已。

這也就是我一貫的精神，也是唯一的看家本領。

中央日報不同於今天任何一家老報、新報以及未誕生的報紙，這就是中央日報存在的價值與地位。

一個人有一個人存在的價值，一個事業，也有一個事業的存在價值，只要他（它）有特色有精神，因此，中央日報的存在價值，基於：與眾不同。

報紙是一個商品——文化的商品，因此，在幾十份的陳設中，你供人選擇，必須有選擇的價值，值得一買、值得一看、值得一讀的價值，這是自由社會的特色與力量。因此，中央日報也必須是提供人選擇的商品——文化商品。

中央日報有其背景、有其使命，這與眾不同，因此，它所提供的商品內容必須與眾不同，也就是說，站在人羣、社會、國家的立場，它必須是有利的、有益的與有幫助的。

應以自由報業使者自期

其實，古往今來，無論個人或團體，文人、政客、商人、辦報的人，都有既定目標，開放後的臺灣報業，出來辦報的人，目的更爲明顯。在這樣的社會下，中央日報的使命，更爲嚴正，中央日報的角色，也更爲重要。此正如麥格塞塞獎得獎人殷允芃女士所指出的：「在解嚴之後，在自由競爭之下，做爲執政黨的媒體在今後扮演的角色更趨重要。」

是的，中央日報就是要做自由報業的使者；中央日報的工作同仁，要做自由報業維護的勇士，要有捨我其誰的擔當。

中央日報有與眾不同之處，也有與眾相同之處。與眾相同之處，那就是它必須是一份不折不扣的新聞媒體，才會發揮市場自動選擇的功能。

中央日報是中國國民黨所經營的新聞機構，它有它的嚴正使命與責任，但它必須通過新聞的機能去完成。我是一位新聞事業人員，我對於新聞事業之經營，即以新聞爲出發點爲重心。

新聞媒體，它的產品，就是新聞，除了新聞之外，它還是新聞。問題是與眾不同的中央日報，它提供什麼樣的內容？我與我的同仁，以這樣的態度這樣的精神，來規劃中央日報「與眾不同」的內容：「堂堂正正、實實在在、大大方方、活潑可愛、清新可喜、與眾不同。」

中央日報的立場、精神、原則與所提出的內容，均在這二十四字中。這二十四個字，將納入在新編訂的「中央日報編採手冊」中，與同仁共同努力，但更重要的，是記在心中，寫在筆中。

新聞確實評論力求公正

中央日報所刊登的新聞，一定力求確實；評論力求公正；態度力求至善。

任何一個新聞媒體，它的顧客、它的老闆，還是讀者，中央日報自亦不例外。我常常提醒編採同仁的，當你面對稿紙寫新聞，當你面對新聞稿，編新聞的時候，你心中腦中，必須有一把尺，那就是讀者的需要與興趣，作爲我爲什麼寫這條新聞編這條新聞的考驗。

基於此，最近，我又與編採同仁研商的，中央日報的內容，必須經過三種考驗，它對讀者：

——有什麼好處？

——有什麼用處？

——有什麼益處？

如果沒有，就不是新聞。就浪費讀者的寶貴光陰。當然，讀者也不會要看你這份報紙。

也基於此，我們將致力於：

——新聞的可用性。

——新聞的獲益性。

——新聞的公正性。

——新聞的影響性。

我，一個新聞記者，與眾不同之處，也是幸運之處，我有機會——千載難逢的機會，經營新聞傳播事業，所以「千載難逢」，是因爲我有機會經營正處在艱苦中的新聞事業。這不是我的特殊能力，而是我的幸運。

也就是因爲這樣，我對於經營新聞事業，不同於一般新聞記者的「理想化」，也不同於一般企業家的「現實化」，我是把理想當成目標，把現實當成考驗。在任何情況下，不離開我的理想，在任何環境中，通過現實的考驗。

現在，我到中央日報已經超過一年，沒有什麼成績單可以拿出來，我只提供一項經營心得：集中原則。

把經營體集中在編採與發行廣告上，也就是製造與販賣二大部門，我個人時間與精力是如此，我也要求整個報社如此。這是一個經營體，二個命脈。

確實掌握三條經營脈絡

分而言之，則有三條經營線：新聞人、經理人、管理人。形成中央日報的經營體系。

外面看起來，我管事較多，難免歸於「中央集權」；知我者，說我勇於任事，不知者責我管得太多。就我個人而言，我做應做之事，負該負之責，凡事求心安理得，無愧我心而已。這可能因爲我喜歡做事的關係，事實上，我的經營管理，較有心得與較有成效的，還是「組的經營與管理」。也就是在一個組織體中，以組爲經營中心，爲經營骨幹，甚至賦予獨立經營之使命與職責。也只有以組爲中心的組合，才能有效發揮「合作體」的功能。

組的魅力，現在，在中央日報正在形成力量，也正在展示他們的力量。能夠加以有效的發揮，就會產生幾個甚至幾十個中央日報的力量。

組的機能，也能較適合新聞傳播體。只要有優越的組長，機能明確，業務範圍固定，就能發揮組的經營體與戰鬥力量。

以我的經驗、我的經營理念，只要這個組，自己能發揮其主動負責而積極的力量，我就很少參與了，只是在旁邊鼓掌加油，樂觀其成了。

中央日報為中國國民黨的報紙，多少年來，難免有黨報的印象，不要說社會上，就是黨員也是如此，若干場合或函件中，充滿黨報如何如何的聲浪。黨員愛之深，責之切，令人感動，尤其數十年的老黨員，其精神更令人感佩。在他們眼中，不僅容不下中央日報的大錯，就是一字之錯，也令他們難以忍受。這樣的愛報讀者，在世界上很難找得到。但，中央日報很早就是這樣一個新聞文化的事業體，尤其在臺灣復刊，馬星野先生主持與經營下，不只是如此，而且以企業經營，曾獲致輝煌的成就，這是大家知道的事實，也是中央日報經歷的黃金歲月。它不是黨的機關，與一般新聞事業，並沒有什麼不同。它也要靠發行廣告，來維持事業體之生存與發展。這是外界不太瞭解的。

我在國內外所學的都是新聞，而且都是素負盛名的新聞學府，離開學校後，所從事的，也是新聞。因此，新聞事業，就是我的事業。尤其我的母校——國立政治大學新聞學系，與中央日報更有不可分的教育與事業的關係。當年，國立政治大學新聞系畢業生，以進中央日報爲最大的光榮，更何況當一名中央日報社長，那更是做夢也不敢想的事。

如今，好夢成眞。我變成中央日報社長了。我所負的責任，不只是黨責，也是新聞之責。也許所受的新聞教育關係，將來我如果在現在的工作崗位上，有什麼成就，還是希望在新聞事業上，我把我自己定位在新聞事業上，也因此，我把中央日報當成事業來經營，也希望中央日報的人，都是新聞的專業人才。

不要說時代不同了，就是從前那個時代，在一個自由民主社會，報紙就是報紙，從事報紙的人，不應該還奢想具有「黨官」身份，這有違專業精神。也因此，中央日報要徹底脫離官氣，也要擺脫官式新聞、官樣文章。

臺北街頭的報攤，幾乎隔不多久，就有新報加入，五顏六色，琳瑯滿目。每天早晨，我走過報攤，我所看到那樣多的報紙，沒有一份是相同的，更重要的，中央日報似乎與那些報紙很不相同。這更充滿了我經營的信念。

中央日報不只是有路可走，而且可走的路更多、更寬，只要有信心有理想，一定會走出自己一條路。假以時日，也是我國報業之道路。

無論從那方面來看，中央日報正在恢復體質中。要說它要起飛了，也許有人認爲是夢想，但中央日報要起來了，這是從內部、從內容、從外在世界，可以看到一種氣氛、一種力量。

中央日報所面對的是無限的空間。它有可能，也最有資格與機會，變成全中國屬於普天之下中國人的報紙：

——我們常常接到各式各樣的指摘，這些指摘，都是辦報的良方。最近，發行組長就被臺中一位婦人「罵得要死」，因爲她揹著小孩，走了半小時的路，到處買中央日報，買不到一份中央日報，她氣得要死。因此，我告訴同仁，我們一定要把報紙辦好，因爲中央日報還是有人非看不可。

國際版深受海外中國人喜愛

——海外的中國人，把中央日報國際版視爲與臺灣關係的一項身分鑑定，幾乎是知識份子的證書。無論家中或個人，有一份中央日報國際版在手，就知道你與臺灣的關係了。這是中央日報的殊榮。雖然中央日報並不是官方報紙，更不代表官方，只是旅居國外的中國人，太關心臺灣，也太關心臺灣的發展了。在海外的中國大陸學人及留學生，更是如此，他們對於臺灣充滿好奇，臺灣的一切，他們都有興趣知道研究，剛好中央日報承擔了縮影的功能。

尤其是「六四」之後，中央日報國際版的職責更爲突顯。據北美事務協調會有關人員指出：每天協調會接到來自各地大陸學人留學生的來函，十之八九之請求，希望他們能設法提供一份國際版，就心滿意足了。

——中國大陸的情況，更是如此。到大陸訪問或參觀的新聞界人士，他們很關心大陸上中共機構在看什麼，進一步才知道他們在想什麼。他們得到的結論：凡是與臺灣有關的機構，有地位的機構或有辦法的人，都在看中央日報，也只有這些機構這些人才有資格看中央日報。天下雜誌總編輯殷允芃小姐的親身體驗是這樣的：

「此次到大陸採訪時，碰到許多資深的新聞界人士，當我們建立了互信關係之後，我發覺兩岸的知識份子之間的溝通並不如傳說的那麼難。他們也看得到臺灣的報紙，如果訂兩份報紙的地方，一定有一份中央日報，而且通常第一份一定是中央日報，我曾問他們：臺灣對大陸現況的分析報導如何？他們說：分析得最好的是中央日報，日本記者也不錯，美國的就太淺薄了，香港的也不對。」

因此，這位享譽國際的我國新聞界傑出女士，這樣激勵中央日報新聞採訪同仁：

「如果我今天是中央日報的記者，我的頭一定抬得高高的，自己更努力一點，一切端看各位如何看待自己，要堅定自己的信仰。」

中央日報是以特色、品質與公信力取勝的報紙。

請高明讀者拭目以待，更請讀者注意它每天不斷地改變。

附錄一：

面對三臺掌舵人

溫曼英

石永貴賺了錢，要給社會回饋

問：有人認爲你是學新聞出身的，以前又擔任報社社長，主持臺視特別重視新聞節目。你同不同意每個臺受其負責人背景影響，而使有些節目成爲特色的說法？三家電視臺中，臺視的特色在那裡？

答：我想除了碰到開國紀念這樣重要的節目，或者是十月份會有政策性的節目之外，一般來講，商業電視主要的還是要面對觀眾。

我們所以重視新聞，倒不完全和我學新聞有關，主要還是一個時代的趨向。最近幾年國內的電視環境起初受到港劇的影響，後來又受錄影帶的影響，使得綜藝和戲劇節目先後遭遇衝擊。尤其是錄影帶的蓬勃發展，觀眾可以自由選擇時間來看，依賴電視的綜藝、戲劇節目便不那麼大了；而新聞、體育節目是錄影帶租不到的，時間性又很強，給了我們一個發展的機會。我們很幸運，因爲有二十多年歷史累積的經驗，社會上對台視新聞有所偏愛，我們發展得順利。當然我在這方面也比較有興趣，參與的比較多一點。

問：擔任總經理六年以來，你想讓臺視觀眾一個什麼樣的形象？

答：我希望臺視的形象是不太新、也不太舊，是正派經營、規規矩矩的，給觀眾所需要的新聞以及社教性節目，也給觀眾有興趣的戲劇、綜藝節目。對臺視來講，做對了可以說是應該的，如果做錯了，也希望能夠立刻改正，這是我基本的經營理念。

評斷節目成敗的標準

問：以一個電視臺的最高主管而言，你怎樣評斷一個節目的成敗或是決定節目的開、停，標準到底是什麼？

答：以商業電視的觀點，我們評斷節目通常分四個等級。第一等是收視率好、業績也好，這個節目一定會存在；第二等是業績好、收視率不好，大概也可以存在；第三個是收視率好、業績不好；第四個是業績不好、收視率也不好，一定會被淘汰。

一個節目播出之後，我們的「業管組」，根據它的收視率、業務報告來評斷節目的生存、發展、改進。如果這個節目播出之後很低調（格調很低），對善良的風俗有所影響，就算收視率很高、業績很好，我們也要考慮停掉，或是嚴格要求它改進。

問：在你的眼光裡，什麼樣的節目才稱得上是「好」節目？

答：我想一個好節目一方面是看了以後能給觀眾很舒服、很和煦、很快樂之感，另外一方面是觀眾看了之後不管是對身心的舒展、知識以及其他方面，都能夠有一點幫助。

問：不少知識份子宣稱自己不看電視，原因是好節目太少。電視台不能做出更多好的節目，最大的困難在那裡？

電視要面對多數人

答：我想這個問題可以從兩方面來講。舉凡世界各國，尤其是自由社會，都要面對知識界的批評，我們中國尤其如此，因爲所謂的知識份子，就是要以天下爲己任。但很不幸的，電視要面對的是多數人，通常的對象不是知識份子。就好像一個餐廳裡面很擠，有些食品或營養專家站在外面看了一看，就斷言裡面賣的東西不會好，你請他嚐，他會說：「這種餐廳我沒興趣，我要到就到法國餐廳、高級餐廳去。」大概電視就是這麼個情形，在外面看的人說裡面不好，在裡面吃的還是津津有味。

通常我們對知識份子的批評還是非常認眞，因爲他們代表國家的一個較高的水準。儘管批評和看電視的是不同的人，批評的人不是我們服務的對象，但是我們重視批評，也只有知識份子才會批評，一般大衆也許認爲很好、很滿意、看得很有趣味，不過對於是不是有好處可能感覺不出來，等他們知道有壞處的時候，往往已經來不及了。

問：知識份子對電視最普遍的批評大概就是「商業掛帥」、「收視率掛帥」，但目前的收視率調查不够精準科學，用收視率來主導節目的走向是否是一種偏差，應如何來改善？

答：收視率本來就是一種魔術。美國的尼爾森收視率調查也不一定很科學，因爲它本身就是個抽樣，不能百分之百的做。

然而很不幸的，商業電視就是多數決的，收看的人愈多價値就愈高。這個標準不一定合理，但是任何一個商業電視就是決定在收視率。所以每天早晨天下大事我們不一定很關心，卻一定要看桌上的收視率調查表。如果因爲颱風或交通問題，調查表沒有來，我連報紙都看不下了。就算來了要是成績較差，有時候也看不下報紙。

收視率調查不完整

臺灣的收視率調查的確是不太完整。因爲只用電話調查，只限於大臺北地區，對於家庭裡面什麼人看、多少人看、教育程度如何、是不是有購買力，都無法顯示出來。但是三台都一樣用這個標準。

過去電視的廣告客戶注意中南部，戲一開播之後製作人就要到中南部去看市場、看觀眾，因爲消費者在中南部。現在市場有很大的改變，中南部並不重要了，地方性的節目，像黃俊雄的布袋戲甚至於歌仔戲，已經有點沒落了。這也可能受大臺北收視率的影響，因爲大臺北地區的教育和經濟水準較高，選擇的節目不一定一樣，比如電視新聞，中南部的開機率可能就沒有大臺北地區這麼高。

問：你覺得有沒有必要，或是可不可把商業廣告對一個節目的影響減到最低？

答：商業電視不太可能，如果大家都爭取廣告的話。不過三臺爲了廣告的競爭已經緩和下來，去年開始，三臺每個月的廣告量、廣告額相差無幾。過去有一段時間廣告集中在某一臺或者集中在兩臺，去年情況改變，三分天下。再說廣告量也相當充沛，大家都吃得很好了，慢慢地便不需要用強烈的手段去競爭，廣告照樣會進來。這個狀況會緩和下來，不過，廣告決定市場，收視率決定廣告的原理，恐怕很難改變。

問：任何大眾傳播媒體都負有嚴肅的社會責任，你認爲電視所應擔負的責任是什麼？

對世道人心有幫助

答：我想一個電視節目播出之後，應該考慮到幾個尺度。一是有助於國家民族的發展，尤其在現在這個時候，這可能是很重要的一個標尺。第二個就是對善良風俗、世道人心有一些幫助。因爲受到物質主義的影響，世界的整個潮流、風氣並不是很好，電視有個責任，就是教導人好的模式。

我剛剛到國外讀書的時候，看到凡是美國有宗教信仰、有教養的家庭，特別注意好男孩或好女孩的行爲模式，包括語言、服裝、打扮……。電視也應發揮這樣的示範作用。想要我們這個民族將來在世界上佔一席之地的話，各方面必定得往這方面走，要有遠見。如果我們今天不做，或者完全接受西方潮流，那就一定壞下去了。此外我們這個社會很緊張，人與人之間也很冷漠，我們希望藉著電視能夠增加彼此的瞭解，同時也能夠產生一些溫情。

問：如果以一個比較超然的立場來觀察，你覺得現在的電視節目有沒有盡到這樣的社會責任？

答：講實在話，我們三家商業電視的環境是很現實的。不過，我曉得三家電視臺掌方向盤的人—總經理，都儘量讓這個車子能夠開得很好。當然啦，左右四面八方會有一些障礙、影響，甚至於一些誘惑，但我們儘量使得這條大道平穩一些。

問：你怎麼樣把電視從業員應負起社會責任的觀念與理想，貫徹到每一個工作同仁的身上？

答：管道很多，我看到好書、好文章或好雜誌裡談到的新觀念，不但讓我的同事分享，有時還寫出來，讓讀者也知道。好東西讓大家多嚐一嚐，對大家的營養更有幫助。此外，我剛到臺視時比較注意普遍性，最近這一兩年開始注意對高級主管的思想觀念的溝通。我們現在每個禮拜有兩天主管晨報，另外每個月一次擴大會報，講經營管理的理念。

問：不僅局外人好奇，甚至連很多參與電視工作的人都會問：「電視臺要賺這麼多錢，到底是爲什麼？」你以爲呢？

要滿足投資人

答：三個電視臺性質不太一樣。臺視是一個股份有限公司，除了銀行佔了百分之四十八點幾的股份之外，其他都是國內外公司行號的組合，包括日本的四個大商社。基本上我們的經營要滿足投資人，尤其是像日本股東，當年我們在一片沙漠荒土當中，他們來投資。去年的盈餘我們馬上就要分配了，做股息、員工的福利，另外要蓋房子、增資，而且稅也相當重，我們要負擔兩種稅，一種是營業稅，另外是廣播電視基金……。

問：除了對股東負責之外，一般人對這個問題眞正的質疑在於，爲什麼電視臺的利潤這麼高，錢賺得這麼多，還不能拿出一點錢做些品質比較高、比較精緻，能給社會好的導向的節目呢？

答：追求品質，是電視臺現在要做的。事實上支持各種球類的發展，三家電視臺都在做，但是和盈餘還不是完全能成比例。現在臺視中央大樓蓋的房子要四、五億，中視最近搬新家也花了十億多，華視在硬體方面也在投資，但今後我想在方向上是應該有所改變。

問：臺視對於「在方向上有所改變」，有沒有什麼具體的計畫？

財務負擔開始減輕

答：臺視過去的債務很重，前幾年一直在還債，我來之後很幸運，因爲利息降低、債務在減少，從去年開始負擔比較減輕了。我們的中央大樓現在正在蓋，今年要落成，完成之後大概稍微可以輕鬆一點，也許我們能夠用更好的辦法來用這些錢。

其實，我們董事會的曹常務董事聖芬先生也講過：「電視賺這麼多錢幹什麼嘛？」意思是說少賺一點，或者是賺了錢要給社會回饋，這一點的確很重要。

問：多年來三家電視臺的節目常有一窩蜂的走向，像目前每晚八點都播連續劇的情況，到底有沒有辦法打破？

答：三臺同時播連續劇的狀況是很奇特的，歐美沒有，主要是受日本的影響。當年中視開播的時候，從日本把連續劇帶了過來，每天都播。這在其他國家不太可能，因爲它的消耗量太高了。

這種狀況過去也曾試圖打破，像中視做過國劇大展，五年前我到臺視來，也有長官提示我，「你有沒有辦法八點鐘不要播連續劇？」我很認眞地考慮過，那個時候剛好臺視債務累累，接近虧損邊緣，一再提醒我電視的黃金時段還是八點鐘，所以我想盡辦法做了一個連續劇「巴黎機場」，改變大家對八點檔的印象。這是一個又有意義、又有收視率、又有業績的節目。

觀衆倒了胃口

到現在看來，八點鐘要不播連續劇，除非是三臺一致，可預見的將來還看不出來。不過也很難講，主要是觀眾收視習慣的問題，現在八點鐘的開機率已經降低不少了，顯著的例子是，有一段時間三臺都做武俠劇，後來新聞局規定同一個時間只有一臺能做武俠劇，現在變成輪到自己的武俠檔都不一定做了，因爲收視率不行，觀眾倒了胃口。八點鐘主要還是觀眾收視習慣的問題，觀眾對連續劇沒胃口的時候，也就是我們要改變的時候，但目前還看不出來。

問：這樣的答案是否象徵，其他有一窩蜂傾向的節目，仍然會繼續大行其道？

答：對對，是有這種跡象。就是某一個臺做某一個節目很好，其他兩臺包括題材在內，也跟進，這是競爭的一個無奈啦。

問：連石總經理也會無奈？

答：哈哈！無奈、無奈、無奈……。

我是儘量告訴同仁不要學別人，學別人成功了，不如自己創造一個東西實在，寧可我們自己創造一個東西失敗了，也不要學人家成功。

事實上，過去梅長齡先生在中視做總經理時，八點鐘曾經做過國劇大展以及影集，造成很大的批評，也使他很痛苦。爲什麼？講你好的是少數，有人會冷嘲熱諷：收視率怎麼樣的低啦、業績如何不好啦。這個壓力很大。

業績不好難過關

我們做總經理考慮事情要針對幾方面。一方面要對主管官署，一方面要對觀眾，另外還要面對董事會。到了董事會你業績不行的話，就過不了關了。我記得有一個臺開董事會的時候，有一位民股董事居然對總經理講，「你乾脆跳樓去好了！」董事會是很難捱的，尤其是民營的老板，他們很重視「利」。

問：你以前做報社社長，現在做臺視的總經理，兩者相較，你覺得在這個職位上最大的壓力和挑戰在那裡？

答：我想最大的壓力還是在節目的收視率。收視率如果和別人相去太遠，會面上無光很難看的。如果節目做得很好，那很風光。否則的話你想跳樓都沒有用，解決不了問題。

問：那麼最大的挑戰呢？

答：我想還是在人才培養方面。另外尋找觀眾能夠接受而且對觀眾有好處的新的題材，也是一個挑戰。

問：很多人說，電視節目所以不能做得更好，是因爲沒有人才，臺灣有電視已經二十五年了，爲什麼還是沒法培養出足够的人才？

觀衆水準漸提高

答：這有幾個原因。一是二十幾年來有的人在這個行業當中已經很習慣了，他本人很習慣，別人對他也很習慣。電視臺的習慣是，某人節目做得還不錯，就一直讓他做下去，相互的有依賴性，新人不容易出來。第二個就是教育程度比較高的人，理想很高，但產品出來沒有辦法適應市場的需要，它也許是個藝術品，但在市場上賣不到好價錢，這樣的人往往也不願意屈就市場，這是一個關鍵。

不過整個的電視環境應該是會愈來愈好，因爲廣告的市場相當充沛，而一般觀衆選擇的水準也在提高，你沒有好的東西，對他沒有幫助，他就不要看了。過去是大家沒有事、無聊，看電視打發時間，一般的水準也比較低一點。我想機會還是有的，最近這幾年，投入電視的人不斷有好的水準出現，主要的原因是社會在改變。

另外公共電視培養了很多製作羣，公共電視要求的品質比較好，從事公共電視的人多少有一點理想，參加的人也有一定的水準，不像有的從事商業電視的人，小學都不一定畢了業。過去有人開玩笑，程度愈低做出來的節目收視率愈高，因爲他瞭解一般人的興趣所在。

自製率太高

另外一個絕大的壓力是，現在我們自製率太高，過去九〇%的節目都要自己做，最近稍微好一點，也在七〇%以上，這個現象在世界其他國家很少，他們的節目都是分散給外面的獨立公司來做。我們的負擔稍微減輕了以後，有緩衝了，情況就會不一樣。

目前人才問題是很嚴重。以編劇爲例，依賴好的編劇慣了，他的許多毛病你就需要將就；籌備一部戲的頭半年，他不會動筆的；開鏡的時候，還只有一本劇本；開完鏡以後連一本都沒有了，臨時寫、臨時上；現在電視是這麼的一個行業，這麼樣的環境。

問：臺視有沒有主動培養人才的計畫？

答：我們在社會上不斷的發掘人才。雖然也有自己的編劇訓練研究班、演員訓練班，但主要的還是把人才放在社會上。去年我們曾經訪問國立藝術學院，這裡的學生程度比專科要高一點，又比大學的學術味道要低一點，可能比較適合目前電視的狀況，希望藝術學院表演、編劇和導演的人才能夠以建教合作的方式到臺視來。

（原載遠見雜誌一九八七年四月號）

附錄二：

傳播界的「艾科卡」

——石永貴反敗爲勝的生涯

陳慈暉

現今社會結構變遷極爲快速，個人實現自我的管道、機會日多，激烈的競爭之下，演變成——人人有機會、個個沒把握，一般人追求成功之際，似乎已不再企羨那些面面完美的英雄人物，反而頻頻看齊時有困局、終能反敗爲勝的「艾科卡」。

現任中央日報社長的石永貴，被譽爲傳播界的「艾科卡」，其個人近三十年的傳播生涯中，曾使新生報、臺灣電視公司的業務轉虧爲盈。屢締事業佳績的背後，相信許多人不禁會對石永貴成長、成功的歷程，產生好奇。

民國二十二年，石永貴出生於中國東北的遼寧省。對於生長於中國東北的中國人而言，生活是艱辛的，石永貴的童年經歷過日本、蘇俄、中共的殘暴與橫行。童年記憶雖有動盪不安的一面，卻也擁有一般人少有的成長環境。

交付一份「放心」

熟知中國地理的人，也許會神往東北環境的壯闊。當年石永貴身處小孩眾多的大家庭，年少的他就得擔負起大人的工作——在草原上牧牛羊。起初他感到十分委屈，不能像家中其他小孩上學、嬉戲，後來，石永貴從工作中體悟，牧牛羊的工作並不容易，還得慎防野狼混入羊羣中，原來，家中長輩交付工作給他，是交付一份「放心」。至今少年期這段勤勞任事的生活經驗，仍對他存有深刻的影響。

民國三十八年大陸局勢逆轉，石永貴隨父母由瀋陽、北平、上海，輾轉來到臺灣，插班考入建國中學的初中部就讀，高中順利考上師大附中。

石永貴的求學生涯，雖有考試制度，但沒有升學壓力，個人可依自己的興趣發展。當時，他加入了「中學生文藝」雜誌，培養出日後對寫作、新聞的興趣。

那段「以文會友」的辦雜誌生活，使石永貴能夠結識許多文藝同好，彼此切磋。例如：目前「天下」及「遠見」雜誌的創辦人高希均、中央通訊社駐巴黎特派員楊允達、對英國文學極有研究的金開鑫等，都是當年「中學生文藝」中的好夥伴。當年，這夥朋友都不汲汲於教科書，而廣伸興趣的觸角，日後，卻各自擁有自己的發展方向與成績，石永貴也因這段經歷，而培養出對新聞事業的愛好，以第一志願考進——政大新聞系。

學其所愛・做其所學

喜愛新聞、學習新聞，是相當令人喜悅的，石永貴樂於在新聞知識的領域中更上層樓，他在國內修得政大新聞學士、碩士之後，更遠赴美國明尼蘇達大學修得大眾傳播學碩士。更幸運的是，數十年來，石永貴一直都能憑藉己身所學，在自己的事業中，不斷衝刺。

在赴美進修之前，石永貴曾在新生報擔任爲期一個月的實習記者，實際從事採訪工作，也一直是他的志趣所在。然而赴美進修返國之後，卻由於各種因緣際會，使石永貴的傳播生涯，展現了朝經營管理方向轉變的跡象。

民國六十四年，應當時新生報社長李白虹先生的邀請，石永貴擔任副社長兼總編輯；民國六十五年升任社長。

石永貴從正式加入新生報的工作行列開始，便致力於軟、硬體的改革。當時硬體方面的改善，得力於省政府的鼎力支持，然而，在軟體方面的突破，則要歸功於石永貴以其專業眼光，所做的兩項規劃。

石永貴首先主張報紙雜誌化，副刊改爲全版彩色印刷，新增闢的兒童、生活、醫藥、財富等版面或週刊，均堅持任用專業的編輯人。另外，石永貴避免在硬性新聞上的競爭，而在其他新聞上，與其它報紙一較長短。

讓新生報告別虧損

經過六年的努力經營，新生報告別原來每年虧損一千九百萬元的危險期，年度赤字亦變成了振奮人心的黑字，發行量增加了一倍，廣告業績從三千萬元，飛漲了五倍。

由於石永貴的衝刺精神，有了顯著的成果，民國七十年，便帶着新生報的改革經驗，肩負起臺視總經理的重任。

初接觸臺視時，臺視的業績居於殿後之勢，石永貴便把許多新生報的做法都帶到臺視。據臺視過去一位員工回憶：「每天早上八、九點，石永貴的身影，一定出現臺視辦公室，有時半夜錄節目的攝影棚，也可看到他，他有全公司走動的習慣。」石永貴在臺視七年，亦表現了許多堅持。

經營電視臺的人都知道，八點檔的連續劇是條生命線，公司經營的盈虧大半繫於其上。當時，石永貴力圖突破三臺武俠、宮廷劇的窠臼，而計畫將投奔自由的反共人士姜友陸的眞人故事，改編成連續劇。不料，卻遭公司內多方人士的反對，深恐反共的題材流於八股，而影響收視率及廣告。

石永貴力排眾議，承擔下風險，突破各種困難，找來最佳的導演林福地、作曲駱明道、作詞梁光明，而推出了一齣膾炙人口的好戲——巴黎機場，並證明經過精心策劃、包裝的反共劇，一樣能贏得高收視率。

經過石永貴明智的堅持及努力，日後才陸續有：「不要說再見」、「再見阿郎」、「星星知我心」等清新寫實劇的產生，爲我國電視連續劇另闢一片清朗的天空。

嚴加把守「人事關卡」

此外，石永貴在臺視期間，臺視新聞部呈現大幅度的成長，是觀眾們有目共睹的。臺視員工都能感受到，石永貴對人事把關相當嚴謹。有的新聞媒體，或許可靠人際關係進入，但一位臺視記者卻驕傲地說：「臺視記者，都是公司公開向外招考來的。」

石永貴長期擔任主管，對於招考新進人員有很深的心得，他每次招考，接獲推薦信函均不拆封，等考完試，成績揭曉再一一比對，他發現，被推薦的人選，往往考試成績排名不在前面，甚至經常名落榜外，因此，他更加篤定用人公開的做法，而且，石永貴常公開表示，如果招考事先內定，無異是公開的欺騙，他不願意欺騙許多有熱忱、有理想的青年。

石永貴勇於任事、全力以赴的精神，又為臺視經營出佳績，他接掌總經理之後，臺視的業務增長了四十四倍，開創二十五年來的罕見紀錄，新聞節目的收視率亦躍升榜首，並連年在金鐘獎的盛會上，贏得金鐘、出盡風頭。

非科班出身的經營人才

雖非經營管理科班出身的石永貴，卻連連在事業的路上，表現優異，欣賞他的一些傳播界人士，甚至稱譽他為——大眾傳播企業經營之神。熟知石永貴為人處世的人認為，石永貴是個十足有方向感及企圖心的人，他做事一心一意向前衝的同時，也不斷動腦筋、吸收新觀念，例如：對節目製作並不熟悉的石永貴，卻不斷親自參與企劃、動腦，有次在日本觀摩後，便企劃出「我愛紅娘」，讓電視節目扮演月下老人，引起許多觀眾的共鳴，其努力用心可見一斑。

石永貴對事業經營，流露出太多的熱情、衝勁與參與，使得他能夠在報業、電視界留下光榮紀錄，然而，他這種事必躬親、任人唯才的強勢作風，亦引起部分人士的不滿，甚至心生怨恨。不過，石永貴不以為意，他認為，讓人人都滿意，就是鄉愿！

結束臺視的生涯，石永貴於去年接掌中央日報的社長，甫上任就減張、裁員、撙節預算支出，赫然表現一如以往的活力與幹勁。在報禁開放之後，各報白熱化的競賽下，石永貴能否再度致勝，使中央日報轉虧爲盈？傳播界人士莫不拭目以待。

接手中央日報的經營重任，十分辛苦、困難，有人甚至認爲積重難返的中央日報，將是石永貴的最大挑戰。儘管如此，這位伊斯蘭教的虔誠信徒——石永貴，仍表現昂然的毅力與堅持，每天下午都定期與主管人員，召開社務會議，爲中央日報每天的戰鬥，布署好最佳的策略。

「艾科卡」的成功經驗，固然值得借鏡與學習，但是，「艾科卡」面對困難的勇氣與堅持，才更是值得眾人鼓掌的精心演出。

面對這位傳播界的「艾科卡」——石永貴，他的成功經驗、勇氣與堅持，當可予人不同層面的啟示。

（原載生涯雜誌七十八年七月號）

附錄三：傳播人・小故事

順人性・反人性的經營觀

經營管理是一門專業的技術，更是一種對企業內人、事、物，安排、處理的藝術。石永貴認爲，經營者若想成功經營事業，必須熟諳「順人性」與「反人性」的原則。待人、用人，有時必須「順人性」，從人性的觀點、需求出發，才能服人，獲得共識，不致惹人生怨。時時考慮員工們的福祉、需求，才能使員工們安心工作。

而建立規章、制度時，必須考慮「反人性」原則，有些規章、制度，目的在防弊、促進效率，而人性中諸多缺點，如：偷懶、延誤、貪心等，都要加以考量，才能反彈所有人性的缺失，而達到較好的境地。

乍聽之下，要一位經營者兼具「順人性」與「反人性」的管理原則，似乎有些矛盾、衝突，但實際思考其中涵義，卽是要經營者本乎人性，發揮、開啟人性善良的特質與能力，但同時，也不能輕忽人性中的缺失、弱點，否則積習日久，將在企業內形成大害，所謂防微杜漸，不正是從許多人性中的小缺失，開始逐步防範的。「順人性」與「反人性」不僅值得企業經營人，細細體會，對於個人經營自己的生命，亦有許多啟示。

不卑不亢的危機處理

民國六十年，我國召開第一次中美大陸問題研討會，當時，故總統 經國先生擔任行政院副院長，透過政大國際關係研究所，邀請了許多美國著名的中國問題專家。當年，經國先生爲展現開明作風，希望也邀請一些對中華民國較不友善的學者，如：奧森格伯（卽後來在美國尼克森總統時期，決定對中共採開放政策者）、懷亭、斯卡拉賓諾等。

而石永貴在那次研討會中，擔任新聞組長，負責會議與新聞媒體間的協調、聯絡工作。就在中美大陸問題研討會開幕的前一天，有若干報社發表社論，祝賀研討會圓滿舉行，同時，對部分不友善的美國學者有所批評，不料引起美國奧森格伯等學者的強烈不滿，要求有關單位出面說明，並答應他們三點要求，否則第二天將立卽離華。

當時國際關係研究所長吳俊才，深夜急忙打電話給石永貴，石永貴卻鎭靜地請吳所長放心，一切交給他處理。

石永貴在緊急之中，一一與國內各大報紙媒體溝通，達成協議，決定明日清晨各報對研討會的報導，不做批評性報導，而我國各報記者明日亦不到會場採訪，但研討會主辦單位會提供詳盡的新聞稿，至於美國記者，應美國學者的要求，可到場採訪，但石永貴爲公平起見，僅准美國記者以觀察員身分與會。

當時那種緊急的狀況下，那批美國學者所提要求，雖然非常無理，但石永貴爲了我國國際聲譽着想，只好不卑不亢的折中處理，使得這次中美大陸問題研討會，終於在第二天太陽升起時，如期舉行。

看不見的眼

石永貴赴美進修期間，由於經費並不寬裕，必須利用暑假打工，賺取學費。

有一年暑假，他在聖路易市餐館打工，不僅賺得學費，更賺得一次終生受用的生活經驗。

暑假打工是許多留美中國學生的「必修學分」，由於僧多粥少，往往可能每天只排到

一、兩小時的班。

有一天，餐館的經理，將石永貴叫進辦公室，詢問他生活的種種，知道他需要賺取學費，於是，就破例爲他早、晚都排班，以便讓他賺足學費。當時，打工的夥伴，甚至連他自己，都爲這份善意感到意外。

然而，當暑假結束，打工到一段落，有一天，石永貴終於鼓起勇氣問經理：「您爲什麼對我特別好？」

經理帶着神秘的口吻問石永貴：「你知道，每天誰最早來餐館？」石永貴一頭霧水，不待他回答，經理自問自答地說：「是我！我站在一個你們都看不到的地方，觀察所有服務生，有人換上工作服後，不是抽菸，就是開玩笑，只有你立刻開始工作。」

這次經驗使石永貴明白，很多時候，我們以爲自己的言行無人知曉，其實，往往可能有雙「看不見的眼」，正在凝視我們。以後，石永貴當主管，也喜歡從旁觀察部屬。

另一所新聞大學

石永貴使新生報「再生」的事蹟，使得許多人開始注意他的經營長才。

其實，熟知石永貴的人，都知道他的成功並非倖致，也沒有什麼特別的訣竅，唯一能反敗為勝的武器，就是嚴訂計畫，從自己開始嚴格厲行。

石永貴致力於軟體規劃時，就急欲加強報社內人才的進修，提升記者與編輯的水準。為在忙碌的工作之中，給大家充電的機會，舉凡苗栗以北的同仁，大至採訪主任、地方特派員，小至特約記者、助編，通通要在星期六下午，到新生報會議室報到，再為「學生」！

當時石永貴安排的老師，均是一時之選，如：孫如陵、黃肇珩、張作錦……等，聽課之後，石永貴還要大家在下課後，交出一篇以新聞體寫作的隨堂作業，然後才發便當、放學。

石永貴自己率先以身作則，親自在會議室中上課、做筆記，下課後，就一一將同仁的隨堂作業加上眉批，並評下分數，如果，成績太差的，他會把作業連同評語，送給主管，嚴加督促。

當時，進入新生報工作的記者、編輯們，彷彿考入另一所「新聞大學」呢！

附錄四：「比別人多一分做事意願，就會成功！」

——石永貴的工作哲學

問：您雖非學企業管理出身的，然而，您卻在傳播事業經營上屢創佳績，其中有何獨特的心得或困難？

答：我雖不是學企業管理的，但我多年經營新聞事業，卻在用人、做事方面累積一些心得。

我認爲做人講德、講情，做事要講理，我做人、做事是分開的，因爲，我體會出中國人情理不分，自找許多麻煩，例如：許多婦人生產就要送紅包給醫生，才能安心生產。事實上，人各有異，事情也有其一定的道理、順序，這無疑是繞圈子做事。

另外，財務、人事絕對公開，可以爲經營者建立制度，省去許多不必要的人事糾葛，當然最重要的是，要從經營者本身開始遵守制度，要求自己絕對做到。

傳播事業與一般企業有些不同，傳播事業在速度方面、淘汰方面競爭很快，像報紙今天賣不出，明天就賣不出了；而且在追求傳播企業利益的同時，又得時時考慮是否符合社會利益，承受極大的時間壓力、社會責任，是經營者的挑戰。

比別人多一分做事意願

問：以您個人多年的經驗，您對時下青年及未來從事傳播工作的青年，有何建議？

答：以前在大學裏，同學、老師都說，石永貴將來會當經理，當時我也不明白個中原因，但是，我總喜歡替人辦事，比別人多一分做事的意願。我想，比一般人多做一點，就是成功的基礎吧！

另外，我要勸年輕人，做事要先學做人，現今好醫生不多，其原因就是，未先學好做人，怎能做成功的醫師。現在的社會價值觀混亂，炒股票的比努力工作的過得好，但是，人生苦短，汲汲於名利，反而終究會得不到名利；年輕人尤其要戒貪權、錢、色，因爲這是魔鬼控制人性的三個弱點。

至於有志於傳播工作的青年，我則要勸大家，在分工日細的工作世界裏，每個人一定要認識自己的特質。李艷秋只有一個，不必要求自己像李艷秋，但是，您也許有別方面的潛力，可以超越李艷秋，而做另一專精的發展。另外，我也建議年輕人，不要認爲待在大單位，才能成爲人才，非躋身大報社、大公司不可；適才適所、敬業努力，就可以成爲有所作爲的人才。

閱讀好書，也推薦好書

問：您平日都從事那些休閒活動？

答：我沒有特殊的運動嗜好，平日散散步、看看書。

我看書只選擇三類的書：一是修身的書，二是與自己所學有關的書，三是與自己工作有關的書。雖然極愛閱讀，但工作忙碌，沒有太多時間，連一本紅樓夢、基度山恩仇記等知名小說，都未讀過，因爲，小說較爲浪費時間。

我個人受日本松下幸之助的「路是無限寬廣」一書，影響極大，這本書無論在工作、生活時，都給我極多啟示。以前在臺視時，也常以這本書贈予「演藝訓練班」的學生，希望他們在工作發展生涯中，瞭解路是無限寬廣的，若發現自己不適合演藝生活，就不要鑽牛角尖。

另外，我喜歡將一些感動我的文章、好書，推薦給其他人，也經常寫些勵志文章投稿，寫稿是長期以來培養的興趣。

賣品質精良的報紙

問：在目前激烈的報業競爭下，您個人對中央日報未來的發展，有何計畫或目標？另外，您一向如何激發整體部屬的潛力？

答：中央日報與其它各報一樣，有其優缺點及特色，中央日報一向有其理想、目標及價值，隨着中國國民黨日漸開放的政策，中央日報也將調整自己的腳步。

我認爲，中央日報符合中、上階層，關心國事、國民黨人士的需要，所以，我們走硬性新聞路線，同時，我們的讀者羣在城市，不在鄉村，我們的報份不需多，但要求品質精良。

人才是企業的資本，我想，企業內、外，均要保持人才的流動性，才能激發整體力量。對內，企業內人才要用其長、避其短，安排適合的職務；對外，則要不斷吸收具品德、能力的新人，一切公開招考，我甚至選擇周末、假日招考，方便所有有志前來應試的人才。

（原載生涯雜誌一九八九年七月號）

傳播道上同心橋

大家都是工作者

自從我們中央日報產業工會成立後，每次我經過樓下的公布欄，我都會停下來，多看兩眼，看看有沒有工會的公告，有沒有工會的活動，要會員以及同仁應該知道以及注意的事情，和報社配合的事情，同時，我也更注意國內外有關工會的資訊的閱讀以及搜集。

最近，我在松風月刊十二月號，讀到日本松下幸之助先生的「我見我思」專欄，一篇叫「天意」的文章，就談到資本家與勞工的區別與關係。

松下幸之助，這位舉世聞名的日本大企業家，在他的回憶錄裏曾說，別人稱他爲企業家、實業家、慈善家，甚至直接了當說他是個生意人，他都願意接受，但資本家除外。「因爲，我從不認爲自己是如此。」

一九六〇年蘇聯副總理米高揚赴日本訪問，參觀大阪的松下總公司的時候，曾經握著他的手說：「雖然你是一個資本家，但我欽佩你。」

適切地致謝後，松下先生立刻補充道，「我不喜歡你稱呼我是一個資本家。我以一個貧窮的勞工起家而逐漸地事業有成。年復一年的勞苦，才使得我有今天的財富。」這番話，絕非矯情，更不是外交辭令。這是累積了數十年血汗經驗換得的「擇善固執」。

松下先生以日幣一百塊錢的資本起家，那是大阪電器所給的退職金，他當時因爲臥病在床，就想找些能在家裏做、而太太也可幫忙的行業。

如今他回憶自己的成功歷程，覺得唯一能給的忠告是：「一旦你清楚自己喜歡作什麼，你擅長什麼，那麼所有你必須作的是，朝這方面去辛勤工作。只要你有意志力和不畏縮，你將會成功的。」

環顧中外成功的企業家，幾乎都是從基層幹起，勞工出身者更是不乏實例，因爲他們腳踏實地，眞正努力過，而且從不忽視一個小環節、一個小事物。就如同松下先生從製造「挿座」開始，當時誰能預料日後他所領導的企業，能傲視全球，爲每一個家庭服務。

事實上勞工與企業是一體的。松下幸之助，憑著個人的努力和企業頭腦，再加上勞工朋友對他的信服，他就成爲了領導者與企業家。

何況，我們中央日報，都是工作者，那有資格當資本家與老闆！

編輯心中的鏡子

在一次編採會議上，我和在座的同事們說：「編輯心中要有一面鏡子。」這面「鏡子」，就是「讀者」。

因為任何一則登載在報紙上的新聞，應該是以讀者所關切的、讀者感興趣的為第一條件。如果編輯手中有了這面鏡子，自然對於新聞的取捨會更容易些。

每天看報紙，而且不只看一份報紙，是在報社工作的人應該養成的習慣。我們從讀報心得中，不難發現有許多報紙的編輯在取捨新聞時，似乎是以他自己的喜好為標準，結果報紙上登出來的新聞，離開了讀者的需求，久而久之，讀者於是就捨棄了這份報紙。作為編輯應知道，你的興趣，並不一定是讀者的興趣；讀者的興趣，才是你處理新聞的標準。

一位優秀編輯的養成並不容易，除了他個人必須具備豐富的常識、專業的學養，和高水準的文字修養之外，就是對於新聞的認識。按理說基於工作特性使然，編輯應該對新聞的發展、背景相當熟悉。當然，敏銳的判斷力也是不可或缺的成功要項。時代雜誌資深編輯姜敬寬就曾經指出：「理想編輯」至少應該具備以下三個條件：第一、豐富的有關基本常識。第二、最適用的高度文字修養。第三、最明智的判斷能力。

雖然，我本人沒有做過編輯工作，不過我一直非常佩服編輯的權威，因為報紙的篇幅是固定的，而且有所限制，而新聞量的多寡，與品質的好壞，則日日有別。編輯在有限的時間內，不僅要爭取時間、控制版面，還要取捨適當、剪裁得宜，然後透過生動的標題及美觀的版面，使新聞更加突出、出色，著實不易。

標題，它是新聞的重點，它給讀者一個明確的印象，引起讀者閱讀的興趣。編輯之筆，猶如畫龍點睛，著墨之處，必須形神俱傳。

我常提醒編採同仁要力行「精編」政策，不僅是為了節省篇幅，更積極的意義乃是希望大家能在工作的方法上、態度上，求新求變，表現特色。最好的一條新聞就像人見人愛的美人一樣，不多一字，也不少一字，恰到好處。

畢竟，一份報紙，新聞品質的好壞，編採人員居於關鍵地位啊！

一份好的報紙，就是品質很好的報紙。

自求自助的薪水

一個事業，是由全體員工所組成。員工最關心者，莫過於待遇了，也就是薪水了。

薪水多少，才算多？薪水多少，才算少？

薪水的多少，不是絕對的，而是相對的。

這要看，你能爲這個事業賺取多少？

「你要爲你薪水賺取十倍！」

這不是我訂的標準，而是「日本經營之神」松下幸之助所指出的。

我只知道一項原則，員工所賺的，一定要比他所拿的要多，這個事業才會有辦法，才能生存下去，賺的越多，事業越發達；事業越發達，員工的薪水就會越多。

這是互利，二利相乘的員工與事業間的關係。

最近，我讀到松下先生一篇文章：「賺取你薪水的十倍」，我才有所悟，也有了標準，也明瞭一個大事業所以仍存在，所以能發達的原因。

松下先生說：「每一位職員應該賺取至少他或她薪水的十倍。」這也就是說，你的薪水如果是二萬元，你應該賺取二十萬元，才算合理，彼此雙方，才算合算。

當然，工作崗位不同，一個人的薪水，是難定的，但所賺取的，往往並不是直接的，也不是那麼容易算得出來的。

但是，一個事業機構的薪水與支出，是可以算得出來的，一個事業機構的總收入，也可以算得出來，這總支出與總收入，就可以看出員工所賺多少。

一個事業的欣欣向榮，員工們反映在薪水上必須：

一、和自己比賽。盡最大的力量，爲求取更大的賺取而努力，以求有安於薪水的領取。此時自問：我值得領這樣多的薪水嗎？我爲事業單位賺取了多少？

二、和他人比賽。大家比賽在爲事業單位賺取上，不是比薪水多少，而是比爲事業單位賺取多少！

「賺取」由於工作性質及職務關係，往往並不能直接顯示出來，但無論直接「賺取」或間接「賺取」，有形「賺取」或無形「賺取」，都是具有「賺取」意義，也會產生「賺取」的價值。

就報社來說，直接「賺取」，固在廣告與發行，其實，每個人、每個單位，和「賺取」都有關。一條好新聞的編與採，就和「賺取」有關，行政管理與「賺取」關係，更爲密切，成本就是事業成敗重要因素。

不能直接「賺取」，間接支援，同樣具有「賺取」功能；不能作有形的增加收入，而作無形的減少支出，同爲產生「賺取」的結果。

就一個艱苦事業而言，賺一元錢較難，但省一元錢較易，節省就格外有意義。

因之，一個事業，如能同時增加一元收入，減少一元支出，其結果，就會有二元的「賺取」。賺一元省一元，就格外具有意義，也會加快企業體質的轉變。

當然，我們期望有更好更高的薪水，這是任何事業機構員工最大也是一致的願望；問題是如何達成這項願望？那就是爲事業單位賺取更多，我們才有可能也才有機會賺取更多。

這幾乎是唯一也是合理的途徑。

這也是本報所面臨的經營瓶頸的突破。

我們想一想，如果每個人爲報社賺取十倍，則報社收入有多少？

如果每個人為報社賺取十倍，那個境界，則水漲船高，我們個人的收入也可以提高幾倍了。

經營之道，無他，自求自助而已。

掌握與創造成功機會

古老中國的土地上，有這樣一句話：「老天，不會幫助那些坐著不動的人。」這句話，放至四海皆有道理。重要宗教經典中都會有這樣類似的勉語。

我相信人人都喜歡有光明的前途，無論大至國家、社會，小到公司、個人，不過，前途在那裏？沒有人能給你前途。

前途就握在自己手上，就在自己心中，你要有就有，自己不要，別人給你也沒有用。因此，如何創造本報的未來健康大道？「信仰」、「努力」、「眼光」都是前往成功的通路。

這種道理很簡單，連小孩子都懂。世上任何一件事情，必須先相信它，先對它有信心，然後才會爲了這個信念付出行動，而行動越積極，成果自然就越大，這種積極的行動就是「努力」。

做學生時讀書如此，年輕時談戀愛追求理想伴侶如此，入社會求事謀職更是如此。

今日，我們大家要先有「肯拚」的信念，與必會贏的堅持。第二次大戰時，英國陷於困境之際，邱吉爾曾對國人說：「在你困難當前之時，不要逃避或希望有人爲你分憂代勞，你應該勇敢地面對現實、堅守崗位，直到完滿達成願望。」這句話指引了英國人。同樣的，對今日的中央日報人，也有相同的啟示。

努力，在企業經營裏稱之爲「投入」，投入是發自內心並帶有感情的一種行爲，當一個人對某事全心投入時，就會把其他事情置之度外，也就會有忘我之境。

我們今天生活在中央日報裏，對工作投入的是心力，而非只投入時間；我們關心的是報社的興衰，而非只關心自己的利害。如果每個人有此共識，勇敢地丟掉陳腐的觀念、想法和做法，全神貫注於自己的工作，對每種細節都不馬虎，都會認眞去做，就能克服困境，走向康莊大道，邁向成功的坦途。

至於成功的關鍵有二：第一是掌握機會；第二是創造機會。

機會不是人人都有的，也不是時時出現的。但，只要你去找，你用心的去找，機會就會隨時出現在你眼前。人生就是機會。一個人一生下來，在這個地球上就有了生存的機會，也有了成功的機會。今天，我們要在現實的社會與傳播環境中，去發掘機會、掌握機會與創造機會。你會發現：無論你自己、中央日報，都有很大很多的成功機會，你的成功機會，也就是中央日報成功的機會；中央日報成功機會，也就是你的機會。

我們生活在中央日報中，就要掌握與創造中央日報成功的機會。

因爲我，中央日報才會成功。大家都要有此豪情壯志，更要獻此心獻此力，爲了大家的中央日報的成功。

水，香水，新聞

人間世是什麼？
空氣與水而已。

人不能離開空氣與水而生存。運用這兩樣東西，最奇妙的，而成爲商品的，莫過於汽水、啤酒與香水的發明了。

汽水、啤酒與香水，就是水的化身，前者加上空氣、酒精與品牌，而成爲吸引人的飲料；後者加上一點香料，就成迷人的香水，價値連城。

化無用爲有用，化無料爲有料，化腐朽爲神奇，化原料爲產品，就是現代工業的特色與精神。

以新聞爲生命的新聞事業，亦復如此。

新聞是看不見的「原料」所組成，你能看得見新聞麼?

但，新聞經過來源，變成報紙的內容後，就成爲人人爭閱的商品。

一份報紙，沒有新聞，還能成爲報紙嗎?

但沒有變成新聞之前，新聞資料一文錢不值。

更奇妙的，同樣的原料，並不一定能製造出同樣的新聞。有的新聞，洛陽紙貴，大家爭相閱讀；有的新聞，卻無人問津。

這就是新聞事業的冷暖，新聞事業的奇妙。垃圾變成黃金，或黃金變成垃圾，就在這一念間。

高明者，可把無用之物變成珍品；低能者，可把黃金變成廢物。一條新聞、一張照片、一個標題、一篇特稿、一篇社論，無論長短，都有機會變成黃金；同樣的，也會變成垃圾。

但，有一點是相同的；面對取之不竭的新聞資源社會，大家都有相同的機會。變成黃金，或變成垃圾，全看一個人的想法與作法。是智慧、是心思，也是功力。

報紙的經營，就是賣報紙，也就是賣新聞的。經營得法，就是賣黃金，也源源不盡的收進黃金，經營不好，就是把黃金變成垃圾。

新聞，對於善於採訪與處理者而言，每天都有好新聞，每天也都有好寫好編的材料，甚至對於「高桿」記者而言，一件不起眼的事件，也可以寫成「好新聞」；對於「高桿」編輯而言，一件平淡的新聞，妙手回春，作出好的標題，成爲可讀的好新聞。

這都是絕佳機會：垃圾變成黃金。

新聞眞是日日新的事業。永遠只有今天，沒有昨天；而明天的收穫，也就是建立在今天的努力。此正如我國新聞教育先驅者成舍我先生所言：「報紙只有一天的成功，沒有永遠成功的一天。」

但，我要說的，成功的報紙，就是一天一天累積而成的。

垃圾變成黃金，對於報紙而言，還有「再生」的機會，也就是把今天成爲歷史陳跡的報紙，加以串珠、加工，還會以另種方式出現——叢書。

我也常常說：報社出版叢書，除了印刷費外，幾乎零成本，就是這個道理。

一個報社的生命，不外新聞、發行、廣告的三結合，我看不只是隨時都有「好」新聞，隨地都有報份，隨處都有廣告，而且越來越多，讓你有寫不完的新聞、送不完的報紙、排不下的廣告，問題全在一個「心」——細心、用心、決心、和有心。

每天每夜，我們所面對的，就是黃金般的機會！
垃圾變黃金，或是黃金變垃圾，全在我們自己。

讀者文摘的成功經驗

當你沒有辦法，就是有辦法的時候！

當你沒有本錢，就是有本錢的時候！

全球最多讀者——二千八百萬份銷路，十五種文字，三十九種版本，風行世界的讀者文摘雜誌，就是這樣開辦成功的！

它的一步一步的道路，就是從艱苦中走出來的。

讀者文摘美國版總編輯湯普森，十年前在臺北公開指出：讀者文摘有今天的成功，主要原因是不斷地奮鬪，鍥而不捨地克服困難。

曾長期擔任中文版讀者文摘編輯的方能訓先生，曾在中央日報所舉辦的編輯研討會中，娓娓道來讀者文摘創辦人華萊士（DeWitt Wallace）於一九二二年是如何創辦讀者文摘的眞實故事：

華萊士不喜讀書，學校不要他，家中也不容他，華萊士在無地自容下，在一間舊車房異想天開辦起雜誌來。

辦雜誌需要大量稿件，但華萊士沒有錢，更沒有錢高價徵稿，於是華萊士急中生智，靈機一動，把報紙雜誌登出來的文字，已經發表過的，加以選摘整理，刊印出來。

當時，是沒有辦法的辦法，但雜誌出版後，卻收到意想不到的效果，符合讀者的需要與興趣。

這一文摘最大的需要前提，是沒有一位讀者，有足夠的時間與金錢，能在有限的時間內，看所有的報紙雜誌上所刊登出來的文章。

讀者文摘的精選，正合所需。

報紙雜誌的文摘是如此，其後發展的「書摘」，也是如此。它不僅僅幫你選擇有價值的書，而且在很短時間內，把厚厚一本書的精華讀到。

讀者文摘的成功經驗，值得我們去體會，去沉思，去學習：

第一、通常，只見大路的風光，不見開路的艱辛。

第二、當你沒有辦法，無路可走的時候，就是你要想辦法，你有辦法的時候。

第三、有錢的人，可以用錢來達成目標、達到目的；沒有錢的時候，一定也會有沒有錢的辦法，照樣也可以達成目標、達到目的，而且，效果可能會更好。

記住，辦法是人想出來的，不是用錢買來的，也不是所有的辦法，都可以用錢買得到！

第四、一個想法，並不會有意想不到成功那會事，它的成功，還是有道理的。讀者文摘的成功，就是幫助讀者解決了讀物的需要與興趣。而且花很少的代價與時間，這是任何一個人單獨很難辦到的。就是貴為美國總統的專人簡報，也很難達成。

在這資訊泛濫的時代，讀者文摘的智慧與手法，更為重要。

我們每天面臨林林總總的新聞資訊，如何為讀者選擇，如何為讀者安排，這都是每天專業新聞傳播者的挑戰。

任何一條新聞、一段資訊，它一定要對讀者有利、有益、有用。唯有這樣，它才值得花時間去看、去讀。

你也可以創業

——只要有堅毅和驚人的努力

最近，不管是在社內或在社外，我總是鼓勵同仁，尤其是主管同仁：多多創業。

多多創業，自然有不同的意義。

就社內來說，你身負一個單位主管之責，你就是「老闆」，你就要負經營管理之責。如何把你範圍內工作做好，如何把你主管的人，才能都可以發揮，產生經營的力量。這樣的編組經營機能，在中央日報來說，就是「組」。組就是經營體，也是經營實戰的戰鬪體。

就社外來說，其機能就更爲明顯了。你是縣市採訪的負責人（召集人），你就是該一地區新聞經營人，中央日報的負責人，自然更能發揮獨當一面的力量與功能。

更明顯的，就是營業處。營業處的經營範圍，有發行、廣告、書籍、服務等等，無論個別或整體，都可以經營，也都能發揮經營力量，也惟有發揮整體的經營力量，才能形成欣欣向榮的經營力量。

你能經營嗎？

這要看你有沒有經營的性格：決心與努力。不只是決心與努力，異於常人的決心與努力，才會有異於常人的成就。

九月份讀者文摘（中文版），有一篇文章，題爲：你該自己創業嗎？

何以能創業，何以能創業成功？

這就要看你的工作態度！

——堅毅和驚人的努力。

——奮鬥不懈的決心。

——積極的態度，樂觀的心情。

此正如傑弗萊・蒂蒙斯在創業精神一書中所指出的：「最能幹的創業家不會因爲遇到挫折而洩氣。他們能在大多數其他人只見到障礙的方面見到創業機會。」

你也可以創業。

創造你自己事業之前，有一個試金石：你會不會把你現在的工作，當成事業，當成自己的事業去經營，去付出心血。

如果能，你就有資格成爲無私的創業家。

成功的人，成功的事業

做人要坦率，做事要憑良心

我很感謝資料組的同仁，把八月號的讀者文摘中文版留給我看。這是因爲我有個習慣，常常晚上發完稿到資料組走動走動，看看同仁，也看看有沒有有價値新到的雜誌，借來閱讀一番，充當「夜點」。

上個月我到資料組的時候，讀者文摘中文版被同事先睹爲快，我雖然「向隅」，但爲那位看讀者文摘的同事高興，因爲閱讀一份有份量的雜誌，一定會爲自己的修養與知識有所幫助。

我很喜歡讀者文摘的人物、思想與哲理。這一期（八月號）的讀者文摘，「助人實現夢想的旅行社」一文，就深獲我心。

這個設在瑞士蘇黎世的庫奧尼旅遊公司，是一個很奇特的旅遊公司，它在瑞士國內及國外的男女員工，總計有二千六百九十五人，每天二十四小時日夜不息地，三百六十五天爲五百萬旅客服務。

對於庫奧尼公司來說，旅遊不再是夢想。因爲幾乎任何一種旅遊夢想，都可透過庫奧尼的安排，予以實現。過去幾年，他們把成千上萬的夢想者，完成長江三峽、喜馬拉雅山、南極、非洲大陸……等地的旅遊。最新的一個旅遊安排，是「太平洋美洲發射系統」太空船的座位，已經有三位瑞士人捷足先登。

有樂觀的人，才有樂觀的事業，也只有對於世界對於人羣樂觀的人，才能創造出世界的事業。

庫奧尼的主持人傑克・博里，滿面笑容，一付整齊而雪白的牙齒，就是以滿懷希望，面對人生的人。

博里有一個健全的人生觀，因而使得它的公司發揚光大，由五十人成爲幾千人，他是從一位小小的速記員，成爲整個經營集團的總經理、董事會主席。

博里的基本態度，形成庫奧尼公司的經營理念：有良心的旅遊公司。

「良心」是博里的基本信仰，也是庫奧尼公司的基本信念。

博里是出生在蘇黎世的一位電車駕駛員的兒子，他的人生哲學是做人要坦率和做事要憑良心。

此後，這坦率與良心，就是博里的化身。

一個人成功了，事業有了特別的成就，總有人會問成功的秘訣，博里也不例外。他說：「我沒有什麼秘訣。要想成功，你所需要的只是思想正確。我堅決相信，有合乎道德的思想是成功的基本條件。」

基於道德的原則，他的準則是仁慈、容忍和諒解，而且言行一致。

他常常以這些古老的準則，與他的同事互相勸勉：「做人要坦率、正直、友善、尊重別人的言行性格。特別重要的是，待人處事都要有熱誠。」

人生不外是待人處事，待人處事成功了，他所服務的事業，他所主持的事業，就會成功。古往今來，成功的道理都是一樣：都要有熱誠。

如果你在追求成功，如果你感到距離成功還很遠，你不妨自我測量一下：你的熱誠。熱誠越高，成功也就越大。

苦其心志，才能成大業

沒有圍棋能成棋聖，沒有鋼琴能成鋼琴家，為什麼？這就是苦其心志的秘密。

民國七十八年九月二十九日下午二時三十分至四時三十分，臺北市廣告代理商業同業公會在中央日報大禮堂舉行一九八九年法國坎城國際廣告影展優良廣告影片欣賞會。

這天上午十時不到，當我上班到報社的時候，在電梯口遇見廣告學術界老友劉毅志教授和劉會梁教授，他們陪著影展總裁韓奇魯(Rogu Hatchuel)蒞臨報社，來察看場地。韓奇魯先生來自法國，風度翩翩，還有一種法國服裝的架式，巴黎香水的味道。我們見面寒暄一番，他說：我還是一個不折不扣的光棍。毅志先生代表主辦單位，會梁兄擔任下午發表演講會的翻譯。

由於上午的「巧逢」，事先我也接到請柬，又在本報大禮堂舉行，韓奇魯總裁又遠道而來，因此，基於好奇與禮貌，下午上班時，就到大禮堂參加欣賞會。

當時，韓奇魯正在用幻燈片介紹坎城國際影展，出神入化，下面聽眾，盡是廣告界菁英、新秀，眞是滿坑滿谷，笑聲不絕，放出來的廣告影片，確實巧妙。

韓奇魯是國際廣告大師，他知道下面這些人的心理與想法。他說：參加坎城國際廣告影展不難，得大獎也不難，更不要化大錢製作，只要用腦用心再加上幽默就行。

用心再加上幽默，深獲我心。

我看了幾個得大獎的廣告影片，的確如此，非但沒有什麼廣告大明星，好幾支影片，都是以「狗」當明星，引來是臺下廣告人一陣會心的微笑。

心與幽默，實在是一個人、一個事業、一個社會、甚至一個世界，最需要，也是最重要的力量。

當你一無所有的時候，你只要有心與用心就行。這裏就有兩個絕處創奇蹟的實例：沒有棋子的棋手，可以成爲棋王；沒有鋼琴的鋼琴家，可以成爲一名絕代的鋼琴家。

「才子」沈君山教授因其才氣縱橫，很難有人令他服氣，他卻很服當今亞洲第一圍棋手聶衛平。令沈教授贊佩的是，「日本人和他的棋力相當，但賽圍棋始終贏不過他……。」

沈君山在「中副」「今天不談文學」人物專訪「當官的滋味」中對於聶衛平的「心的歷

程」是如下的敍述：

聶衛平在成長過程中一直被鬪爭，吃了很多苦。有段期間，他被下放至東北的三河農場。他在一望無際的東北平原上，白天勞動完畢，沒有別的事做，便在心裏走棋，晚上躺在床上，眼睛盯住天花板，心裏仍在佈局下子。有時聽說數百里外有人會下棋，他會在冰天雪地之間連夜跋涉而去。以他的背景，所有機會均已被剝奪，唯有在下棋方面表現傑出，才可能重返北京，因此他更加苦練。在這樣的環境磨練下，他培養出不凡的胸襟氣度和堅忍的個性。（請見「中副」，七十八年十月五日。）

沈先生的形容，可說與聶衛平的「棋力」一樣的傳神。

由於聶衛平的堅忍歷程，使我想到另一則有關一位鋼琴家在獄中「苦練」成爲一位絕代鋼琴家的故事。

這個活生生的人物，也是發生在中國大陸，也是在苦牢中。是我多年前在讀者文摘讀到的眞實故事，至今心念不已（註）。尤其當我吃苦，苦到不能挨的時候，常常想到這個人、這個故事，也就勇氣倍增，苦還要吃下去，也許，這就是啟發的人生。

這位被關在獄中多年的鋼琴家，當他出獄後演出，不但未有生疏，而且天聲感人，大家都好奇地問：你在獄中還有鋼琴麼？還允許彈鋼琴麼？

當然，什麼都沒有。在中共的監獄，除了苦難與折磨外，什麼都沒有。

這樣悲慘的環境，何以會造就成這樣一位天音絕世的鋼琴家？

他說：當我在監獄的時候，我都在練琴，沒有琴，沒有譜，用我的心去練，日以繼夜，我都在用心去練琴，一遍又一遍，無數次地，通過自我的考驗，去體會去琢磨心聲。

因此，當他出獄的時候，就是一位更剛強的心靈，更成熟的鋼琴家。

這眞是古往今來難有的琴韻心聲。

這一圍棋手這一鋼琴家，絕處不只是逢生，而鍛鍊成堅毅的非凡之士。

可見天下之道理，還不止於事在人爲。

我們今天中央日報處在艱苦的環境中，要想找出一條出路，全靠我們自己苦其心志，堅忍奮發，才能打開一條血路。

註：一九八二年十一月讀者文摘（中文版）刊出有「工作七訣」，指出思考工作的重要性。它說：「成績優異的人在做困難或重要的事之前，都會在心中一再考慮該怎麼做。」又指出：「中國大陸有位鋼琴家在文革時坐了七年牢，出獄不久便恢復演奏水準。他的解釋是：『我一直在心裏練習。』」

系統，管理，服務

現代企業，如何發揮它可大可久、無遠弗屆的經營效果？

由於電腦連線以及電傳（FAX）的發達，任何一個事業，都可以世界爲市場，成爲世界的事業。

但任何事業之發展，必須由近至遠、由小而大，以母體爲主導，以精神爲靈魂，才能產生感人的經營力量。

現代的世界，實在太奇妙了，處處都有機會，甚至生生不息的機會，就看你有沒有組織力、有沒有人才、有沒有服務的熱忱，更重要的，是有沒有結合力。

所謂結合力，也就是一人之力，一人以上之力，一個組織與另外不同組織甚至無限組織的結合。

我把現代企業，活動的機能與特色，合爲三大要素：系統、管理與服務。

三者是相連的、相通的，合而爲一成爲一生生不息的事業體。

系統，就是經營系統。無論連成一線，或是網狀，都是緊密相連的。連得越緊越密，則其活動能力也越大，也就越強。

管理，也是一個事業體之生命。如何使人、物、錢與時間，發展最大的力量。管理是看不見的，但卻與成本、效率與效果，有密不可分的關係。

一個機構，你不要看它的資產負債表，也不要看它的營業報告書，看它的管理，就會知道它的經營成果。

服務，那更是神奇了。一個機構，要想發揮它的感人力量，必須靠它的員工——所有的員工，養成與發揮服務的熱忱，無微不至、自然親切與不求報償的服務，才能使人回味無窮。

系統，管理，服務，三者都重要，都是今天中央日報經營的生命線與生命力。

就系統而言，我們需要：

新聞系統，

發行系統，

廣告系統，

財務系統。

…………

閉目以思，就知道系統的重要了。

管理本身，就是組織系統，上下左右內外，都是組織管理之功能。

服務，那更是服務業的命脈了。服務業就是靠服務爲生命的事業。

一份報紙，是不是有服務的熱力，就看從事報紙的人，有沒有服務的熱忱。搶新聞，固然需要熱忱，櫃臺的服務也需要熱忱，電話總機小姐，更是一個報社服務的樞紐。

俗語說：報紙是服務人羣。靠什麼服務人羣？靠熱忱與熱心。

報業的中鋼

我們中央日報每月都舉行一次「自強月會」，邀請專家學者來社演講，希望能對同仁進修、對報社經營都有所幫助。

此項「自強月會」原是在大禮堂對全體同仁講的，效果不彰，今年改變方式，縮小範圍，在會議廳進行，參加者以組長級主管以上爲對象，以強化經營幹部的精神理念與作法。

十二月十一日下午中鋼公司高級專業管理師馬仁傑蒞社演講，跟大家談中鋼精神，馬先生是中鋼「開國」型人物，在美國進修期間，曾擔任本報特約記者，爲本報寫特約通訊稿，所以對於本報有一份特殊的感情，也希望在混濁的報業環境中，中央日報能不負各方所期，脫穎而出，成爲「報業的中鋼」。因爲產品變化很大，因爲物極必反，讀者對於現在新聞內容，已經開始倒了胃口，開始嘗試找不同的產品，換換口味，換一些新的好的東西。

這是我們中央日報的機會。

這要看我們中央日報能不能抓住機會。

馬先生特別提到中鋼的開始，是起自民國六十一年二月二十一日中央日報第一版：「歡迎優秀青年參加創建重工業行列」。

這則廣告對於中鋼中國式經營管理太重要了。因爲有這則廣告，才有中鋼經營模式，也才有中國式經營管理模式的誕生。

這則廣告是當年的「馬處長」親自起稿，並且親自拿到中央日報發稿的。並且拜託中央日報一定要在二月二十一日第一版見報

中央日報不負所託，如期如版刊出了。

中鋼也不負所期，一批一批人才，由於中央日報的廣告而投入中鋼，負起創建中國重工業的使命。

這一「廣告文獻」，是中鋼開拓者常常銘記在心的，並且要主管同仁，記取這則廣告所顯示的精神與力量。

就在民國七十年七月二十四日，中鋼董事長在與一級主管面對面談話時，提起中鋼九年前在中央日報所刊的一則求才廣告，並說最好能在中鋼內部刊物「中鋼半月刊」上轉載及引

申，並使中鋼同仁上下一心，在公司經營面臨國內外鋼價疲弱，各項成本持續上漲之際，溫故知新，重燃中鋼精神。

這一則廣告，不只是對於中鋼很重要，對於中央日報也很重要。

更重要的，要燃起中央日報經營的信心。

誰說中央日報廣告沒有效？

請告訴他們：中鋼就靠中央日報一則廣告，而人才鼎盛，成爲頂天立地的大事業。

凡事業，要從人才做起，要從信念做起，更要從榮譽做起。

中鋼之所以爲中鋼，是有它的精神與制度的。

中鋼的四大精神：企業精神、團隊精神、求新精神、踏實精神。

我們中央日報要有這四種精神，並努力求實踐，我們就有機會，也有資格成爲「報業的中鋼」。

敬愛的同仁：有爲者當如是。

不做「報業的中鋼」誓不休，也不甘心。

一步一步走向峯頂

現代人似乎很重視營養與保健，例如要吃什麼，吃多少，都多方搜集「秘方」，以求長壽；但對於工作中所需要的營養，卻較少注意。事實上，一個現代社會的工作者，必須不斷吸取消化應用，才能適應工作上的需要。否則單靠過去在學校所學，一紙文憑吃一輩子，那只有成爲老大機關的落伍者。

工作知識從那裏來？所學所吸收何用？是從每日書報雜誌中得來，是爲了修身進德，吸收觀念與方法而讀書，有不知不覺的效果，也有立刻的效果。一旦閱讀成爲習慣，則你一日不讀，混身就會不舒服，就正如練功人停止練功一樣的難過。

我看書約略有三種處理方式：第一、立刻就會在工作上用出來；第二、把它寫出來，讓更多人知道；第三、多買幾本，送給更多人，使其受惠。（自然送書是我電視生活的一部分，如今就沒有這種能力了。）

最近，我讀證嚴法師靜思語一書，句句都扣我心弦，眞是深獲我心。其中，記錄證嚴法師的歷程一段話，正是今天中央日報所需要的：「開始的時候，我們像是一頭犢牛，拉著一把車在草原上行進；今天，雖然有些收成，但卻是包袱滿載的爬在坡上，而且這隻牛也有了年歲，我們絕不能讓自己停一下，喘口氣。因爲還在爬坡，一停就後退下來了……我們一定要持志不懈，日益精進，一口氣走到峰頂。」

「持志不懈，日益精進」，就是證嚴法師的精神，就是她的事業，也將是她的一生。

當然，不可能「一口氣走到峰頂」，但要有一口氣的精神（不達峰頂絕不中止），一步一步走，一點一滴做，就會有到「峰頂」之日。

中央日報的峰頂是什麼呢？符合讀者的願望，人人需要、人人喜歡的精品報紙。

簡單與明確

父親曾爲傳教士的讀者文摘創辦人華萊士，憑著簡單又明確的道理創辦讀者文摘，成爲全世界最多人閱讀的雜誌。每月以十五種文字印成三十九種版本，讀者人數約一億。

讀者文摘之值得驕傲地方不在數字，而在其溫馨性與影響力，我相信它的普及性足可與聖經相媲美。

一九二二年華萊士與其妻子携手創辦讀者文摘。他的創辦理念，是其獨到，但也無奇，但貴在實踐與貫徹。他創辦讀者文摘獨到之處，「是洞悉時間有限，並不容許我們細讀一切有價值的文章」。所以他許下承諾：博覽羣籍，搜羅最佳的文章，摘取精華，送到讀者手中。

「文章雋永，歷久彌新」，就是讀者文摘爲全世界讀者服務的最高準繩。

讀者文摘之成功，乃是創辦人華萊士少年時代夢想的實踐。他在學生時期，中請入預科學校時寫道：「即使我尚未能決定日後的終生職業，但我確信自己最大的心願是爲人類服務。」

讀者文摘中文版三月號出版的時候，正是該刊創刊二十五週年紀念日。曾在臺北中央圖書館舉行一項規模盛大的慶祝酒會。

三月號讀者文摘中文版，對於中央日報言，特別具有價值的，就是該刊重印了第一篇中文作家的散文，是取自中央日報的，同時，最新的一位作家自撰稿，也是來自中央日報。這個新舊的意義，也正是中央日報歷久彌新的精神。

「花不都是香的」，是已故水彩畫家藍蔭鼎先生的作品，摘自中央日報。這次爲了紀念創刊二十五週年，特予重刊。因此，編者在該文刊出的同時，作了以下的按語：「本文是『讀者文摘』中文版發表的第一篇中國作家散文，原載一九七三年十一月號。際此本版二十五週年紀念，特重刊以饗讀者。」

「你認識臺灣的名勝嗎？」是中央日報採訪組記者李碧玉小姐的作品，這是一篇充滿知識、趣味與實用的作品。這是很難寫的，尤其以要求眞實性見長的讀者文摘，更難通過它的考驗。可見李小姐的用心與細心。

無論身材、性情以及文筆，李小姐都是「靜如處子」的典型。

當我們向她祝賀的時候，她不好意思地寫了一張回卡，她對中央日報的經營，一如她的寫作，一樣有信心：

「我會更努力的；

「同時，也相信中央日報這『隻』有些收成，但卻是包袱滿載的爬在坡上的『牛』，一定能在您的領軍下，更持志不懈，日益精進，向峰頂邁進的。」

我讀了李小姐的文章以及她的鼓勵之詞，我益感人才就在中央日報；中央日報的成功，就在中央日報。

我們大家一起用心來經營中央日報吧。只要我們能寫出像讀者文摘一樣的新聞與文章，中央日報就會成為風行世界的報紙。

此心此志、所念所思

一個人只要有心，就會對於一個事業有莫大、甚至驚人的貢獻，而不一定在高位，就看你有沒有「心」。

日本可以說是小國小民，它所以有今天在世界上的風光，全是因爲公司職員以服務的團體（通稱株式會社）爲生命的結果。

一個人一旦加入服務體，即以一生的生命相屬相伴，他把榮譽歸之於團體，他把責任加在自己。

最近，我讀了石原愼太郎與盛田昭夫合著的「一個可以說NO的日本」的書，感觸良多，日本這個民族，正在不斷鍛鍊與改造自己。

關於日本員工的敬業精神，我讀了下面一段眞實故事：

「關於從業人員是否克盡職守，最近在日本聽到一段揷曲，實在很令人感動。

這是日本電氣熊本工廠一名女性從業員工的睿智與判斷力的故事。不知爲什麼，日本電氣熊本工廠的產品不良率比其他的工廠高，不論如何賣命努力，只能降低到某一水準而已，爲什麼別的工廠可以做得到的，熊本工廠就是做不到？所長以下的所有員工，每天都在討論這個問題。

某日，一名輪班的女性員工，上班前駐足在公司前鹿兒島本線的鐵路交叉口。她在等待該日罕見之長串貨物列車通過，『轟隆！轟隆！』火車的震動傳至腳底，該名員工突然想到，此振動是否會帶給產品某些不良的影響？

於是，上班後她在火車通過的時間就稍微停下工作來注意，發現身體上並沒有任何異常的感覺，她又想到：『機器會怎樣呢？』便立刻告訴領班。領班再向廠長報告了她的想法——火車通過所帶來的振動是否對工廠中的精密機械有所影響？

廠長立刻反應說：『對的！就像妳所說的。』於是在列車的軌道和工廠之間，挖掘了一條長長的深壕並灌滿水。結果呢？不良率瞬間減少了。」

那位女性員工才十八歲，就會對自己公司的產品關心，並引以爲傲。我深深覺得這就是高品質的學校教育所帶來的成果。

我們中國人常受「小兵立大功」以及什麼「人微言輕」所害。

其實，在一個組織體中，每一崗位每一個人，都有他不可缺少的重要性。沒有什麼「小兵」的道理。戰爭也是如此。戰爭的勝利，也許歸之於赫赫戰功的名將，其實，還是靠士兵們出生入死。小兵之偉大，自不待言。

「人微言輕」更是逃避責任，甚至不負責任的說辭。

就一個事業體，或工作流程來說，任何崗位上的人，都很重要，也都不可或缺。

日本工廠這位女性從業員的精神，眞令人嚮往與敬佩。

我們中央日報，此時此刻，就需要這樣人這樣精神，肯爲報社肯爲團體，多想多做。

我們中央日報，就會成爲世界報業經營之楷模。

天下事，總是事在人爲；天下事，也沒有什麼難事，只怕有心人。

我們中央日報，就需要時時刻刻爲報社著想的有心人。

這樣有心人，甚至爲了中央日報的一件事情，一個問題，想到廢寢忘食，終夜難眠，這個人就是中央日報生命的創造者。

這樣的人，無論他在那裏，他的職位如何，都是中央日報「再造」之神。

卽將到來的中文報業世界

（中華民國七十七年十一月，以「中華民國臺灣地區報業現況報告」爲題，於香港世界中文報業協會第二十一屆年會中報告）

一

中華民國政府今年元月一日，正式宣布解除報紙登記和張數限制，不僅是我國報業史上一件大事，也是我國報業現代化的一個重要起點。

自去年七月十五日起，由於中華民國政府相繼解除「戒嚴」、「黨禁」、「開放大陸探親」，使得整個國家的政治、經濟和社會都有劇烈的變化，因此報業與大環境兩者之間的互動關係，影響深遠。

行政院院長俞國華於民國七十六年二月初指示行政院新聞局，對報紙的登記與張數問題，以積極的態度，重新加以考慮，在兼顧新聞自由與報業應善盡社會責任的原則，訂定合適的規範或辦法，以促進報業的新發展，邁向一個資訊健全的新時代。

新聞局首先成立了一個十一人專案小組，開會商議，並分別在高雄、臺中、臺北等地舉行十次以上的聽證會，邀請業者、學者專家、民意代表與會提供意見。

七十六年十二月一日新聞局正式宣布，自七十七年元旦起開放報紙登記及增張。臺灣省、臺北市及高雄市三個報業公（協）會達成八點協議：

（一）字體大小：新聞用字不得小於六號；一般商業廣告字號不限；分類廣告由目前之一版三十二批至三十四批，減少爲二十八批或二十九批，字體放大約百分之十五。

（二）張數：上限爲對開六大張，下限爲對開一大張。

（三）廣告與新聞之比例不予限制。

（四）自七十七年元月一日起正式開始增張，行政院新聞局同時接受新報登記申請。

（五）報價：視各報發行張數之多少，由報業公會審愼分別協商研訂，並向主管機關報備。

（六）報紙之新聞與廣告分版，以目前最高狀況爲準，加張後不再擴增。

（七）登記立案之報紙，在不同地點發行及印刷，應另行申請登記證，並在報紙名稱上清楚註明係地區版，如某某報中部（或臺中）版、某某報南部（或高雄）版。

（八）由省市報業公會各推兩位代表，新聞局推薦三位學者專家，組成九人小組，研究加強報業自律與新聞評議功能。

二

現在就報業開放後，臺灣地區報業發展的現況，分爲八點加以報告：

（一）新登記的報紙，多如雨後春筍。從元旦新聞局開放新報紙登記以來，截至十月二十日止，根據新聞局統計資料，已有八十二家辦理登記（其中包括在臺北的報系，在臺灣中部、南部設廠印報），因此實際創刊發行的新報有三十二家，加上過去原有的三十家報紙，目前中華民國已有六十二家報紙之多。此刻報紙究竟有多少，無人能提出正確的答案，因爲報紙隨時都在增加也在減少，也有難產或胎死腹中。

有人形容報業開放後，競爭激烈，報業發展如同置身「戰國時代」，新報對於報紙內容走向、讀者羣的定位等，無不挖空心思，紛紛以求最有利的開拓方式與發展途徑，不少新報紙選擇走專業路線，包括兒童、運輸旅遊、財經，甚至法院拍賣等等。眞是五花八門，無奇不有。至於規格、印刷及內容，那更是「應有盡有」了。

隨著新報的增加，不僅編務、廣告、發行三大部門與以往大不相同外，幕後出資的報老闆，也各有來頭。

其中，臺灣立報是由世界新專董事長成舍我出資，財訊快報由永漢書局、財訊雜誌發行人邱永漢出資，此外企業界投入傳播事業也不乏其人，像設在高雄市的太平洋日報，就有東南水泥爲主要出資者，光復書局開創兒童日報……等。

國內晚報市場也受到相當大的影響。聯合、中時兩報系先後投入晚報市場，聯合晚報二月二十二日創刊，中時晚報三月七日創刊，在晚報市場激起相當大的震撼力。

過去，晚報競爭不太大，在臺北有一段很長時期，大華、民族、自立形成「三家鼎立」的局面，高雄則有中國晚報和新聞晚報，臺中有臺灣晚報，每家經營都很辛苦。

報業開放前幾個月，臺北的民族晚報便因財務問題宣告停刊；自立晚報在發行方面曾經一枝獨秀，自從「黨禁」與報業開放後，優勢盡失；大華晚報財務狀況一直艱苦萬狀，十一月二日已正式易主，脫離傳統報業的陣營，勢將進入晚報競爭的行列。

(二) 報紙張數過去固定爲三大張，報業開放之後，各大報多以六大張爲競爭目標。五大張、四大張、甚至保持三大張的都有，對開、四開、八開大小也紛紛出籠，各報依本身的條件做彈性發展，使得報業市場更趨多樣化。

至於報價，爲了「增張」之後的報價問題，曾在民國七十六年十一月中旬「報業公會」成立九人小組研擬討論，目前是六大張定價新臺幣十一元、五大張十元、四大張九元，三大張八元到五元不等；然而，基於競爭與促銷，實際的售價均有折扣，情況相當紛亂。

（三）報紙訂閱率與廣告注目率有顯著下降趨勢，廣告競爭手段更爲激烈。

根據臺灣聯廣公司的調查，大臺北地區家戶訂報率由原來的一・六份，下降爲一・一份，下降的理由是因爲報紙張數增多，內容完備，報價提高，可是讀者閱報時間並沒有增加。

讀者對廣告的關心度下降，是因爲張數增加，版面紊亂，閱讀報紙的習慣一時也無法適應。當報紙增張未開始前，報紙發行部門，很擔心原有信箱容納不下；事實上，讀者每天早晨看報，就是一項嚴重的負擔。

（四）報紙的篇幅增加、以及社會多元化的趨勢，影響到讀者的品味也趨向多樣化。

報業開放後，報紙的內容因而顯著的較過去豐富、且多變化。政治新聞、國際新聞、財經新聞、地方新聞、體育新聞，在數量上及處理上均受重視。

由於新聞圖片的影響力越來越大，彩色攝影技術與印刷技術也日益進步，各報已認同彩色印刷可以吸引家庭及青少年讀者，在彩色印刷的內容也無所不包，幾乎各報都有彩色版面，甚至從整體觀察，臺灣已成爲彩色的報業，這是世界所少有的。

此外，中華民國政府開放大陸探親之後，以社會民情與風土文物爲主的專刊，及尺度較寬的大陸新聞，均有助讀者更了解大陸現勢，無形中縮短了將近四十年隔絕彼此間的距離感。

（五）隨著政治民主化、經濟自由化的進展，報業開放，促使輿論發揮其更大影響力。各報增闢輿論版，大量刊載讀者投書，以溝通輿情，拉近報紙與讀者的距離，也架起政府與社會大眾的意見橋樑。

（六）激烈的競爭，促使報業界必須改善硬體設備，包括興建報業大厦、增購高速多色印刷機、改用電腦檢排、增多電傳設備、加強運輸能力、採用現代化科技設備，以爭取競爭優勢。

由於報業的硬體設備現代化，導引報紙編排形式的改進，由傳統的題長文短或盤文，改爲塊狀處理，甚至橫排版面的出現，而且特別重視美術設計版面；此外新聞字體放大、標題字體變化多。

（七）新報創刊、舊報增張，造成專業人手之不足，部分報紙也採用「挖角」政策，使得報業人員特別是編採流動率頗大，同時也吸收了大批熱衷新聞工作的各界青年投入報業。

（八）由於勞基法的實施以及政治開放，勞工意識在我國社會上日漸強烈，報業也不例外。面對籌組產業工會的潮流趨勢，較具規模的報紙都已經先後組成工會。這是臺灣報業史無前例的經驗，無論在心理上及實際上都產生了重大影響，甚至最不願見到的結果：報紙遲出報、脫班以及員工由於工會的糾紛，而與報社對立，致遭受解雇或解聘者。此一潮流，感染性頗大，眞是方興未艾；其中，一是社會工運對報業的影響，一是報社間的影響。工會在籌組與運作過程中，曾有兩項策略運用：一是在工會選舉時，所謂工會連線，保證運動者當選，一是報社間的工會連線，產生聲氣相通的作用。未來的發展，自不樂觀。但報社與工會間，應以合理爲基礎，相互調整，因爲合作則兩利、對抗則兩害。

三

針對上述八點現況，就目前中華民國報業發展所面臨的一些問題加以分析：

(一)新報紙登記者雖多，不過根據新聞局的資料顯示，其中仍有二分之一還沒有創刊發行。越有基礎的報紙，辦新報的成功率也就越大。可見要創辦一份具規模的報紙，絕非一般人想像的那麼簡單。

新報雖在編務上，突破過去的「統一格式」，但在經營方式、廣告、發行、印務上，卻面臨重重的困難。原已存在的報紙，無論強勢或弱勢，同樣艱苦。

一般而言，新報很難在市面上看到甚至尋獲，部分報紙也因運作上的困難，而停刊或吊銷執照。若干新報，走原始的郵寄方式「送」報。

無論個體或整個報業，今天的中華民國報業，已成爲需要龐大資金與人才的事業。因此，大致說來新報對報業市場現況的影響並不算大，增張後，由於張數的增加以及內容的重複，前五個月強勢報曾經失去了一些地盤，專業報略受損失。同時，報業集中趨勢，較開放前機會更大也更嚴重，因此若干傳播學者認爲，如何避免報業集中帶來的資訊壟斷，是報業開放後，非常值得注意的問題。

（二）雖說社會大眾對報業開放後，抱存著若干期待，新報紛紛問世、舊報增張之後，卻紊亂了讀者習慣的受播模式，調查反應竟然有部分讀者難以適應這種變局。這是始料所未及的。可見習慣的改變，還是很難的。

因爲報紙篇幅陡增，資訊數量增多，可是讀者看報的時間並沒有隨著報紙增張而增加，根據一項民意調查，大約有百分之四十八的受訪者，每天看一份報的時間不超過半個小時，除此之外，百分之十的讀者每天看一份報紙花不到十五分鐘的時間。

這個現象表示，儘管報紙的量增加了，但讀者的時間依然有限，也許同樣在看報，但關注力可能減少許多。

篇幅突增，有些報紙規劃欠周詳，讀者可能因此產生看不完或找不著新聞的困擾。何況新的資訊如科技、財經、投資等，如果讀者沒有基本知識，一時也難看得懂。

行政院新聞局曾委託中華民國民意測驗協會，進行一項「報紙增張後民意對報導的意見」，受訪者爲臺灣地區的兩千零四十一人，五月間公布結果如下：對於報紙張數，百分之四十八點一認爲三張最適合，百分之二十點九認爲四張最適合，百分之十七點八認爲六張最適合。

目前，國內三家電視臺加強或增闢晨間新聞或夜間新聞節目，有人認爲這是受報業開放的影響。因爲報紙張數增多，調配未必恰當，分類顯得零亂，讀者以期用簡單快速的方式來滿足自己對資訊的需求，因而轉向電視新聞。

因此，將來的趨勢，報紙必須建立在自己的特性上，尋找自己的讀者羣，深度與解釋性的寫作方式，在張數方面並不一定要求一致，報紙篇幅的競爭並不重要。

㈢人人皆知報紙是社會的公器，擔負崇高的社會責任。不過開放後的報紙，在以市場爲取向的經營政策下，走向高度商業化，無形中影響了新聞的品質和輿論的公正。

我國近代新聞教育與新聞事業來自美國，報業經營，承受了資本主義社會的模式，更不幸的，也受到美國在二十世紀初期黃色新聞氾濫，及五十年代資本主義商業氾濫的影響，這是以三民主義爲立國精神的社會，值得深思與引以爲鑑的。

（四）報業開放後，過去對報紙的種種約束力，不是不存在，就是減弱，因此初期讓人感覺報業與社會的倫理關係產生失調現象，新聞自律已迫在眉睫，雖然中華民國新聞評議會用意甚好，正如若干西方社會一樣，但效果卻不大。爲因應新傳播環境的需要，中華民國新聞評議會業已於十月七日改組完成，評議委員的陣容與代表性大爲增強，但能否發生功能，還要拭目以待。至少，客觀的社會環境，需要新聞評議會發揮其評議功能，因爲除了新聞評議會，幾乎沒有機構或個人，能夠監督制衡新聞界，更不要論制裁了。

同時，報社內部更須自省自律，應設置握有實權，但不負編採實責的人來主持督導，對於自己報紙的新聞與評論是否得當，有否疏漏與錯失，認眞考核，切實檢討，才能收到自律之效。

也唯有自我管理，自我約束，才能提高報紙的品質。

（五）報紙增張後，在新聞報導方面最受批評的是：㈠記者主觀的意見與客觀事實不分，一旦報導者成爲鼓吹者，雖然會吸引讀者，卻降低了正確資訊的品質。㈡記者主導新聞的傳播。不可諱言的，確有少數報紙製造、或操縱、或導向事件之發生，甚至強調衝突與反常的價值因素。㈢攻訐政府與揭人隱私。

這個時期的新聞報導，一味否定過去，批判過去，甚至清算過去事件或人物，並期待「壞」新聞發生，如中沙、中韓關係，就是一例，無「秀」不成新聞，沒有打架駡人事件，就引不起記者的興趣及讀者的注意。西方新聞提供者有言：「沒有新聞，就是好新聞。」如今，新聞索求者卻變成：沒有壞新聞就不是新聞。這不只是新聞界的不幸，也是社會的不幸。

因此，報業開放後，也爲新聞從業人員的專業性帶來考驗，要肯定新聞教育的重要性，一定要由新聞教育管道培養著手。

當前新聞教育最重要的課題，在於加強教育學生法律知識、道德教育以及專業教育，使學生能立志一生從事此行業而不移，而對於他所服務的報紙、所服務的報業、所服務的社會，有所貢獻。

除了加強新聞人才的培養，報業本身也需同步改進，譬如加速建立完善的人事制度、重視員工在職訓練等等。

其次，面對激烈的競爭與嚴格的挑戰，報業經營不可能再墨守成規，必須隨著社會急驟變遷的腳步，妥善運用企業經營與管理。

特別值得一提的，由於報業開放，報業人力市場需求量激增，「傳播教育」已成了國內高等教育的一個風尚。近來國立臺灣大學已積極籌設美國「哥倫比亞式」的新聞研究所，可望在民國七十九年夏開始招生；已有悠久歷史，並為我國新聞事業培養不少將帥之才的國立政治大學新聞學系，除在明年增為雙班外，並加速籌設傳播學院。另外，國立交通大學也嘗試開創以電子為重心的傳播學院，如果實現，不只是有異於傳統新聞教育，且有助於傳播技術與人才的提升。如此培育新聞人才，提升新聞教育，將形成中華民國的大眾傳播教育時代。

此外，為提高新聞科系學生的實務水準，除了世界新聞專校已創辦臺灣立報公開發行而外，天主教的輔仁大學，在經費允許下，「益世報」的復刊，並非沒有可能；設有大眾傳播科的銘傳商業專校，銘報虎虎有生氣，以銘傳的人力與財力，及校友普及金融貿易商業，變成日報輕而易舉。今後，類如美國密蘇里大學「密蘇里人報」的學校創辦的報紙，將在臺灣地區蔚為春筍，只是此類報紙發行伸展地區，不限於校園、社區，也和一般報紙無異。

四

展望未來，際此建立以中國文化與中文技術為本位的中國報業，正是時候。

我們相信也期望，這個時期的中華民國報業，無論經驗、技術、人才，對於世界其他地區中文報業的發展，都會有更大的影響。以臺灣報業經驗最先受到影響的，將是中國大陸以及海外其他中國人口聚集區域。我們展望一個以中國文化爲中心的二十一世紀，即將到來，那個時候，中文報業將大放異彩。

我們要想中國文化有美好的果實，我們現在就必須有所準備，甚至下定決心。我們要準備提供與傳播世界不只是新的內容，更要是好的內容。

中文報業的世界，即將到來。我們不只是期待者，更是貢獻者。

做一個卓越傑出的廣告人

（中華民國七十八年六月六日，應國華廣告公司邀請，於該公司朝會發表專題演講。）

做人成功，做廣告也會成功

要談如何做好一個廣告人，必須先從如何做人來開始。因爲不論在那一行，從事任何一個工作，皆以「如何做人」爲最重要的條件。醫學院的教室裏，訓練未來醫師的第一句話：「你要做一個醫生之前，先求如何做人。」一位臺大醫學院前院長常常告誡無數的臺大醫師：「你們要做良醫，不要做名醫。」都是同樣的道理。

「做人」在東西方的背景不同，在各國所訂的標準、條件也不盡相同，但在中國的社會裏，藉著歷史、正統來看，大概「做一個人」頂重要的條件就是——忠、誠、信，這是做人的基本。我想具備這些條件的人，他「做人」會成功，做「廣告人」也會成功，並且他在任何行業也都會成功！

忠、誠、信在中國的歷史社會裏，是做人非常重要的標準原則。尤其以服務爲主的廣告業更是如此。服務經常是看不見的，廣告也是如此，可以做得很小，也可以做到無限大；可以在一個廣告播出後就結束，也可以一直無限制的延長。

假定以裕隆爲服務對象的話，可以在一個廣告播出後就到此爲止了。也可以隨時隨地都在想裕隆——有人說裕隆好，你馬上想到裕隆，有人批評裕隆，你也馬上想到裕隆。這就是生命和廣告結合在一起了。這些道理都包括了忠、誠、信在內。

用心用腦，很快就有突出表現

廣告人和一般人沒什麼不同，但是，廣告人是用腦的人，所需要的條件比一般的人還強、還要敏銳與嚴格。這些年來，一方面是廣告界的發達，另一方面是廣告界所需要的人才不同於一般人；廣告人所需要的精神條件更要超過任何行業，因此廣告界的待遇也比一般行業高。應該要高的，因爲他所負的責任、他的工作、他所用的腦力，都超過一般人。至於參加這行業，你是否有這分條件？我想不外乎頭腦、勤勞、負責、熱誠，這幾個條件掌握了，放在心中，用在頭腦、工作上，你一定會成爲一個很愉快、很成功的廣告人。

一個人的心和腦是最重要的。要怎樣把心和腦用在廣告和工作上，是我所要談的。以

「心」來說，一個廣告人的心要能——用心、熱心、恒心、動心。一個廣告人如有上述的心，就是一個「神」，你的雇主會「拜」你的。因爲有這樣心境的人，一定會創造一個很好的廣告印象和成果。

做廣告，「興趣」很重要，看到和廣告有關的就會有興趣。開車、坐公車、搭計程車時，或者在館子吃飯，在家中用餐時，只要見到和廣告有關的，你就會心動。熱心、用心、動心、恒心，是一個事業與人的動力；因爲一個人普通上班八小時，但如果能將這些條件發揮的話，便可以二十四小時都在工作領域裏，並且不會感到是一種負擔。

也許有些人會說：這不是很累嗎？如果你這樣做，相信不但不覺累，而且會全神貫注，會覺得滿腔熱血，渾身都是力量！一樣工作，第二天一早上班後，有的人還沒開始，有的人還搞不清楚怎麼回事，你卻老早就在腦子裏，你的「電腦」老早就吸收進去。所以同樣一件事情，你很快就會表現出來！

剛才我來國華的路上看見一個電影廣告——希望與榮耀，這樣的電影片名，一個廣告人看了這個片名，腦子會動了：這廣告我用在什麼廣告上最恰當？用在一個品牌的創造？或用在一個產品上？或……什麼的！這樣的四個字，有時很值錢，一旦用在廣告上，可能就價值上億！

希望與榮耀！當我一看到這四個字時，便立刻記下，並且想立刻用出來，貢獻大家。做爲一個廣告人，你一看到這樣的東西（這樣的東西隨時都有），便將它輸入大腦，這將演化成爲你的力量，你的動力！這就是所謂的用心。

廣告人除了用心之外，就是靠頭腦。每個人的頭腦大致一樣，大發明家的頭腦可能還是最笨的，但他一定不斷的在想。如愛迪生，學校都不要他了，嫌他笨，太差的天資怎麼可以上學呢？然而，後來歷史上的任何教科書，都有愛迪生的故事。

人的頭腦要看你怎麼去想，往好的地方或往壞的地方想，看你肯不肯想？只有不斷的想、不停的想、隨時在想，才能想出好東西。

另外，廣告人講的是創造、發明，不是抄襲和模仿，因爲人的思想比較偷懶，有時容易揀現成的。但廣告如果抄襲他人，保證沒飯吃。譬如今年的裕隆絕不同於去年的裕隆。因此你自己一定要有創造的思想，一種發明的力量。

我很敬佩國華廣告公司，每次在重要的節日，如父親節、母親節……，就有很好、很動人的廣告出來，帶動整個社會。近年來社會如此注重父親節、母親節……，國華的功勞很大。國華更在這方面創造很好的聲譽和品牌，這是相當了不起的。

所以，「想」是很重要的，也許有人要問：到底要想什麼？我的經驗是——要想你的公司。正如我昨天在臺視工作，想的是臺視；今天在中央日報，便想中央日報。日本人會成功的理由在此，一個日本人他一旦加入一個株式會社後，他就爲這個會社實實在在的效忠效命，這也就是要想自己的公司。

大家在國華自然要想國華，而你的榮譽、希望與榮耀就在國華。想，想一個好的企劃案。在國華，最重要就是企劃案。從企劃案的想、製作、完成，到報紙的刊登，廣播電視的播出，這效果的產生就是一個企劃案。這個企劃案由一個人、兩個人、一個 team 想出來的。

我常常寫文章，寫文章最難的便是題目與一開始這句話。有了開始這句話，以後就容易寫了。通常題目想好了，這文章大概也成功了大半了，這就等於我們企劃案的一個主題一樣。既然我今天吃廣告飯，便要吃得好、吃得痛快，客戶便是我的衣食父母、我的恩人，我要爲他而工作。更要考慮利用怎樣的媒體，可以讓我的廣告在那裏發揮最大的功效，使我能爲客戶做得更好。

瞻前顧後，創造泉源無窮無盡

所以一個廣告人所想的，應不外乎公司、客戶、企劃案、媒體。至於要怎麼想，往何處想？我認爲應有幾個方向：往後想、往前想、往遠想、往外想……，最重要的是想你所服務的。

往後想——因中國的歷史相當深遠，中國的詩詞很美，當你在目前的方位之內想不出來時，你不妨往後想。想唐朝的詩詞、想漢朝的威武，那裏面是否有東西可以做爲我們的廣告。往後想，往後去找東西，這個力量是相當大的，可以無窮無盡的。

以前在報館工作時，有些同仁對於一些標題總覺得功力不够，下得不够動人，我對他們說：如果詩詞很難的話，你們可以去找一些過去流行的電影、歌曲的名字，對於有深度的流行歌曲的曲名可以多看多想，會對你們有幫助的。——找別人的經驗，看別人的東西。

往前想——明年的冷氣機一定和今年的不一樣，不一樣的地方除了機器之外就是廣告。

往外想——想外面的世界，以裕隆來說，要看看現在美國流行的車子是如何做的，它們明年要推出的又是怎麼做的？TOYOTA 是如何做的？往外去想。

譬如這次美國和蘇聯的高峯會議，雷根向蘇聯人介紹：亞洲有三個國家很了不起，日本、韓國、中華民國。如果你能妥善運用雷根這句話的話，這就是很大的震撼。——在莫斯科能提「臺灣」，這是很困難的，幾十年來所沒有的，想都不敢想的。今天，世界最強國家的元首在那裏爲我們作宣傳。這就是要往外想。

廣告人更要掌握時代趨向，亦卽潮流；趨向是很重要的，一定要掌握世界流行的趨向、亞洲的趨向、中華民國的趨向，才能抓住你所服務的社會。你能掌握趨勢，就能掌握未來。

你就是神，讓老闆顧客朝拜你

所以做爲廣告人，最重要要想三種——第一想你的老闆，客戶到底要什麼？最好符合他的要求，當然能超越他的要求更好，讓他覺得這國華人想的確實比我高明，他便服了你，回家不會拜他的神，要改拜國華人了。第二要想消費者，想這些人的需要，他們的興趣在那裏？第三想國華人。腦筋裏有這三種人在的話，便可以把廣告做得很好，你的雇主、老闆、消費者都能放在心中。在我們看來，一個廣告出來，根本不必問它是國華？聯廣？一看風格便知道了。

看電視時，就知道那個廣告會得獎，也知道這廣告是那一家做的；這就是風格。譬如國華的廣告，我們知道，那些小氣的廣告不會是國華出來的。所謂大的、有地位的廣告公司，它的力量、氣勢就在這裏！一有好的、大的廣告，一定會想到國華。小客戶也會想：我現在還不夠格，有一天我會把廣告送過來的……。

當然，這風格是要多少年才能建立起來，而且要不斷的堅持。不是老闆說好便好，而是要達到自己要求的標準。我國華說好才算好，才可通過；我國華要求一百分，你客戶要七十分或八十分都是不行的。這樣的生意一定永遠跑不了，因爲不論什麼事，交給國華辦就放心了。

和這情形有關係的是，做爲一個廣告人一是要想在前面，做在後面。一個客戶如果坐下來和你談，而你知道的比他還多、還要精，他便服了你。你何能知道的比他多、比他好呢？不可能是坐下來才知道的，你一定很早就在想：我下星期一要和客戶見面，客戶究竟要談些什麼？他要達到什麼樣的需求？什麼境界？這你事先一定要想，想了之後才會做得周密、做得好。

人有種惰性：懶得想，不願想。你不推我，我是不動的。但要做好廣告人，腦筋一定要動得快，動得勤，動得好。假定客戶要八十分，你做個九十分給他，這客戶你要他跑都不肯跑！如果提個廣告稿，客戶說星期六交便行了，而我早在星期四便可給他，他一定很開心。可是如果他每次要你提稿子，你都在最後一刻鐘才送上，這時你要他的命了，因爲這時已沒辦法再修改，沒辦法再商量，下次他便不敢領教了。你根本就沒有下次。

所以，作爲服務業的人，作業務的人，怎樣爲客戶多想想，這是很重要的。不要單求自己的方便，一定要爲客戶多想。你做這事本來是爲別人而不是爲自己！

不變定律，吃虧的人最有福氣

對於做人做事，有一個重要的道理，也許比較落伍，我屢試不爽：就是你能否吃虧？如果能，一定會比別人強。因爲一般人都喜歡佔便宜，你不想佔別人的便宜，一定就會有自己存在的地位。如果六、七位同仁當中，要選出一名主管人才，他們一定要選一位能照顧其他五個同仁的人，因爲這個人不會佔他們便宜。如果不能吃虧，一定不會被選出來。這樣的觀念也許不爲一般人接受，但一定有他的道理在；事實上，吃虧就是佔便宜。

各位在自己的工作崗位上不要斤斤計較，不要說這事不該我做爲何要我做？最好你不要找到我。別來煩我！這是一般人的想法。要能搶著做，別人不做的事我來做；這樣你一定會成爲人才，成爲好的主管。如果國華規定八點半上班，而你每天八點左右就到，一段時間後，你一定會凸顯出來的。因爲你能上班比別人早，比別人早開始，收穫一定比別人大。你收穫比別人大，公司的收穫也因你而比別的公司大。公司當然要重視你了。

公司規定五點半下班，有人五點已在看錶等待下班。而你還在那裏埋頭苦幹，到了六點半還沒走，心裏想：帶回去，先洗個澡輕鬆一下再繼續。這種人多可愛呀！什麼人做老闆都要獎勵他，把他當作自己人，培養他，給他更重要的工作，更好的機會。

胸懷壯志，讓整個社會都獲益

一個人成功與否，就在這樣的道理上。人與人之間本來沒什麼不一樣，就看你怎麼想，怎麼做。做爲一個廣告人，他的貢獻不只在廣告上，而是使整個社會受益、甚至整個世界都受益。所以做廣告人，是一種挑戰，是一種力量。希望大家做得更好，事業更成功！

清新的頭腦，熱忱的心

（中華民國七十九年三月五日，再度應國華廣告公司邀請，於該公司朝會發表演講。）

一

一個人，做人做事的道理，不是天生的，而是後學的。在學校要學；學校外，要學；出了學校，更要學。因爲你在學校的時間，是有限的，而知識是無限的。

常常有人問我，你在學校，學的是新聞，如何經營管理報社或電視公司？

我的答覆：學來的，看來的。

隨時隨地，都在學，都在看。

一邊看，一邊學，一邊用。

這就是我的經營生活。

二

民國六十五年以來，我參與三個大眾傳播事業之經營：臺灣新生報、臺灣電視公司以及現在的中央日報。

我是學新聞的，也是新聞記者出身，在國外所學的，也是大眾傳播理論的，有何德何能從事大眾傳播之經營？

答案：學、學、學。

隨時隨地在學。只要對於工作有幫助的事情，就要學，學到就立刻去做。

從報章雜誌學；從有經驗的人學。

我曾多次拜訪國華廣告公司董事長許炳棠先生，每次拜訪，都有很大的收穫。

第一次拜訪許先生，看到他的辦公室懸有一個牌子，意思是說：凡交辦之事，必須有回報。也就是辦的結果，要讓上級主管知道。這是企業經營所重視的效率與效果的精神。

最近一次拜訪許先生，參觀他的新辦公室，掛有麥帥爲子祈禱文，另外在旁邊的小型會議室，懸有「國華」創辦人蕭同茲先生的油畫。

當時，我與我同事的收穫都很多。

一個事業主持人，一個事業成功的人，他心中必定有信仰。

三

在機器、物質雙重壓榨之下，人的價值在那裏？人生的意義，又是什麼？

一個生活在現代社會的人，不能沒有錢，也不能沒有工作。不過，一個人的價值，也就是建立在對工作的正確觀念以及對金錢的眞正價值的認知上。

對工作的正確觀念，就在認眞與努力工作而已，我們所熟知，富甲天下的石油大王洛克非勒，不是天生下來就是石油大王的。他在高中畢業後，找到一份能學做生意的工作。從第一天上班開始，他就迫不急待地賣力工作。若干年後他回憶這段往事說：「我不計較待遇，我需要的是經驗。而這家公司的制度和經營方法，都是我所嚮往、想學習的。」

幾乎每一個人，一生都在追求成就。可是如何才能有所成就？就金錢方面的成就，現代的歷史，還沒有人超過洛克非勒的。洛克非勒在成功之後，曾向世人說出他成功的秘密。他說：「我常常對自己說：你現在已經踏入商業界，要處處謹愼，不要驕傲；因爲驕傲必敗。你的成就，就建立在你每日的努力上。」

我們努力工作，爲了什麼？就是爲了要成功。但是追求成功，就只是爲了自己當老闆，爲了可以吃喝玩樂，爲了可以多買些名牌產品嗎？

如果有這樣的想法，就會阻斷了你的成功之路。工作，絕對不是爲了享受。今天有很多人，甚至今天的紛亂的社會，就是爲了享受所害。

以往，西洋人靠大砲、靠金錢，統治世界。未來的世界、未來的世紀，是中國人的；中國人將靠觀念，來建立一個大同世界。

四

中國人的觀念，就是誠信、就是節儉。就財富觀念而言，你賺多少，對你財富的累積並不重要；你積存多少才是重要。依據巴比倫致富原則，是十分之一儲蓄法。當然，諸位知道，中國人更厲害了。中國人賺十元，可以儲蓄十一元。甚至還沒有賺，就存下來了。

可是，今天的西洋社會，今天還沒有賺，就先化掉了。各種先享受後付款的享樂誘惑，使你迷失自己。一有職業，你就成爲大公司的債主，成爲商品的奴隸；在失業保險的社會，如果你沒有職業，你又成爲政府的債主。

誠信、勤儉，不只是信仰、哲理，也是生活。

節儉，並不一定能致富；但是大富的人，多是節儉的人。我們所熟知的王永慶、林挺生先生都是如此。一個人是如此，一個家庭更要如此，才能富可萬代。

現在中國人在世界上佔有地位的項目很多、也很高。船業，就是其中之一。過去是西方的英國與希臘的天下。以前的世界船王歐納西斯，在娶了賈桂琳之後，有見識的人，就知道他非但要短命，也要破財。富比世自從與善嫁的伊莉莎白泰勒擁在一起，成爲世界的花邊新聞後，有遠慮的人，也知道他來日無多了。果然，突然去世。

今天世界船王是中國人包玉剛。包先生住在香港，他有一個眞實故事，曾先後刊登在財富與讀者文摘雜誌，對於諸位女士提早上班也許有若干幫助。包的女兒，有一次向他爸爸伸手要錢買鞋子，包玉剛就問他女兒：儂鞋子穿得不是好好的嗎？他女兒說：有新樣子，換雙新的。包斬釘截鐵地說：一個人兩隻腳，只能穿一雙鞋。穿壞了再買新的。

因「鞋」的觀念致富的，是包玉剛；因鞋亡國的，就是大名鼎鼎的馬可仕夫人。伊美黛的鞋子，每天穿一雙，可穿幾十年。

貧窮和富貴，同樣是病。我們現在是因爲「富」而多病。諸位女士小姐們，如果妳們不能從容趕上打卡到班時間，大多是因爲衣服還沒有選好，鞋子還沒有配好，化粧不是太濃就是太淡，而延誤了上班時間。

我們不知道，有沒有人研究：一位女士一生中，用在化粧方面有多少時間？我相信，再過五十、一百年，回過頭來研究我們現在的社會，就會發現「化粧品」這個可笑的東西。化粧品是男人創造出來的，化粧專家更爲惡劣，越有名越教人難以忍受。因此，一位傳播專家說：「什麼是化粧？就是把你塗得醜得不能再醜爲止。」

這話可能有些道理。

濃粧，是一種富貴病。不化粧，是一種健康的表徵。健康，才應該是大家想追求的。諸位不妨一試。

當然，男人也有奴隸的象徵。那就是領帶。自己來鎖住自己的脖子，而且付出相當代價。過去一條領巾比襯衫貴，如今一條領帶已趕上一套西裝了。因爲領帶名牌多。因此，我奉勸小姐們在情人節送禮的時候，不要送領帶，因爲領帶是禮輕本錢重的東西。而且根本用不上，因爲男士不管有多少領帶，選來選去，就是常帶的那幾條。

從自縛自束的領帶跳脫，我再把話題轉入如何自處和處人。

五

我們要常常想到：「我」在那裏？事實上，「我」在我自己，在我自己心中。不要羨慕他人，不要模仿他人。我就是我。上帝創造世界萬物，沒有一樣是相同的。你就是你；因爲你若不是你，你就沒有存在價值了。

過去我在電視公司工作的時候，常常有朋友介紹，某某小姐像崔苔菁，某某男孩像劉文正。我說：謝了。我要眞的你，而不要像別人的你。東施效顰可能就是這個意思。有一位歌手叫林淑蓉，因爲學鳳飛飛而出名，其實是「出醜」；唱了多少年，一直紅不起來。她一出來，觀眾就有些怪怪的感覺。她的歌喉的確不錯。等她找到「我」、自我，不像鳳飛飛的時候，就紅起來了。諸位一定聽過，她的「昨夜星辰」，紅遍了整個大陸。

因此，一個人也好，一個公司也好，一個國家也好，要走出自己的路。這個世界，也才有你的存在、發揮的價值。我作以下的建議：

「要創造，
不要模仿；
要新的，
不要舊的；
要眞的，
不要假的。」

我們更要隨時有一顆清新的頭腦而熱忱的心。我們深深了解：廣告是靠智慧而創造的事業；廣告也是名利的事業，爲他人創造名利的大事業。

國華的產品是什麼？我們這些國華線上的人，就是要忙碌的爲他人創造名與利。

在這個花花世界、擾攘社會中，自陷名利，只能當個人下人；不爲名利所困、所害，就能做個人上人。

總之，如何自處？如何處人？

最重要的，你必須有清新的頭腦、熱忱的心。

你有此心，居斗室，斗室就是你的無限世界；居世界，世界就是你所創造的天地。

六

玫瑰有三願，我也有「國華三願」：

如果：你有健康，

如果：你有知識，

如果：你有貢獻，

你就是快樂而成功的國華人。

中國文化世界化，才是我們的理想

——世界華文廣告研討會創始經過

中華民國七十八年九月十四日晚上，是一年一度的中秋之夜。對於海內外廣告同業來說，這是一個難得的中秋大團圓之夜。

行政院新聞局長邵玉銘先生，在臺北市國賓大飯店國際廳，歡宴來自海內外的世界華文廣告研討會全體與會代表。

邵局長看到這樣的場面、智慧加上熱情，他好不感動。邵局長問我：你怎會對廣告有這樣大的興趣？

他的意思是：你怎會想到舉辦世界華文廣告研討會？

因為這項史無前例的世界華文廣告研討會，眾所週知，是由聯廣公司與中央日報社聯合主辦的。而攜手倡議者，是聯廣前總經理、現任副董事長賴東明及我本人。

這是前人未走的路，也是傻人做的事情。經過兩天的熱烈研討、參與，證明這條路是值得走的。

此時此地，這個研討會的召開，有幾項時代背景：

——中華文化受到重視與肯定之時。

——臺灣廣告市場受到國際化的衝擊。

——科技掛帥與經濟至上的時代，人文思想受到重視。

——臺灣經濟成長的奇蹟，受到全世界的肯定。

這也許就是世界華文廣告研討會產生的背景。

就時間而言，更重要的，即將進入二十一世紀了。

二十一世紀是什麼樣的世紀？這也是大家都能推算出來的。

它有可能是以中華文化爲重心的世紀。

這個研討會的產生，和我二次出國的開會有關。

第一次是民國七十六年十二月間，參加亞太地區伊斯蘭教組織理事會。

這個理事會的總部是在吉隆坡，創辦人及主席是馬來西亞國父東姑拉曼先生（他已於一九八八年自這個組織退休）。

我承前輩之愛護，被東姑主席提名推選爲代表中華民國理事。一年一度的執行理事會要在吉隆坡召開，理事會秘書處方面承東姑主席之命，頻頻來電詢問與會事。

我告以公司業務繁忙，無法與會。傳到東姑老先生那裏，老先生很不以爲然，要我一定來，並說：以他那樣年齡，身體又不好，還要爲團體做些事情，你有什麼資格推辭？

我毫不猶疑地與會。

開會期間，出乎意料之外，於公於私都有許多收穫。

除了拜訪馬國政府有關首長外，還訪問電視同業與有關業者；還有一項收穫，就是訪問當地的華文報紙與報人。

我與新聞同業見面的時候，除了請他們多多瞭解伊斯蘭教，以作爲馬人與華人增進瞭解的橋樑外，並在業務推廣方面，建議他們多多向臺灣報業學習，尤其在廣告方面。

馬來西亞華文報紙同業很知道臺灣廣告的厲害，也很羨慕臺灣報紙的分類廣告，因爲他們大半是從臺灣學成回去，在政大接受新聞教育的。

我告訴馬國華文同業，今天臺灣的廣告，不是天生的，不是一開始就有的。它是一步步開拓出來的。

我特別告訴他們，明天的馬國報業廣告，就是今天的臺灣報紙廣告。他們很興奮，也立刻接受我的建議，派專人到臺灣學習如何開發分類廣告。當時似乎還沒有「臺灣經驗」，但我認爲，臺灣的廣告經驗，足可提供海外的華文報業。

第二次是在民國七十七年十一月間，出席在香港舉行的世界中文報業協會年會。這是我加入報業以來，第一次參加年會。是抱著學習與廣交良友的心情與會。年會結束之前，因爲被推定擔任下屆副主席職務，還需要商量一些事情。新加坡聯合早晚報董事經理黃錦西先生就說，不行，不行，還要趕回去，因爲要接待一些當地的廣告人到馬來西亞開會，聯誼……。

此事事關報紙命脈，非同小可，就不能也不方便再留了。

我就問黃先生：新加坡華文報如何做中文廣告？因爲我知道新加坡是英文報業環境。黃先生說：很麻煩，都是從英文轉換而來的！

確實麻煩。不是翻譯的麻煩，而是文化差異的麻煩。

我回到臺北，想到第一件事：就是如何把臺北的廣告經驗，讓海外中文報人同業共享！

很巧，我的好友，也是我敬佩的廣告事業家——聯廣公司總經理賴東明兄來看我。我迫不及待的把這「經驗」告訴他，希望能舉辦一項世界性的中文廣告研討會議，以彼此吸收中文廣告經驗。

還未等我說完，他就說：好極了，我早有此想法。的確，後來的報導，得知東明兄「早在四、五年前就開始醞釀」。

果然，找對了人，也找對了機構。

無論東明兄以及聯廣，都是抱著擁抱更多的空間，更大的理想，經營他們的廣告事業。

沒有幾天，東明兄再來看我，企劃案已經出來了。

這項「華文廣告的交流，世界經驗的接觸」的企劃案，代表聯廣的精神與東明兄的理想。

此後，我們不斷地往來，由二人間往來，變成兩個機構——聯廣公司與中央日報有關同仁間往來。

廣告界的生活——Meeting，在聯廣與中央日報不斷地展開。

開始，我們倆還一起或分別拜訪政府首長、新聞界先進，求取贊助，出乎意料之外的，他們一口答應，全力支持。

因爲這件事，多少與中文報協有關，所以我們最早拜訪的，是中文報協創始人之一的王惕吾先生。惕老當時正在國外，劉昌平先生與我們交談，劉先生非常爽快：這件事，值得做，你們去辦，惕老、聯合報系，都會全力支持，要我們怎樣配合，我們就怎樣配合！

其他的，像中國時報、臺視、中視、華視、新聞局邵玉銘局長、文建會郭爲藩主委、華航戚榮春總經理……，同樣的支持，同樣的熱情，眞是痛快。

當然，這樣重大的事情，意外以及意料中變數，又是這樣多，想起來難免會怕，甚至晚上會出冷汗。

怕萬一開不好怎麼辦？

但，一想到華文廣告的未來，華文廣告的世界……

我們就勇氣倍增，信心十足。

「只要一心爲他人著想，你就會有意想不到的收穫！」這是我們參與世界華文廣告研討會籌備的同仁，共同的收穫，也願以此，貢獻給普天之下的中文廣告的先進與同業。

中文廣告，是看得見的；

中國文化，是看不見的。

中國文化世界化，才是我們的理想。

報業正面臨革命

距離二十一世紀，還有十年的時間，不少未來學家預測將來的發展都指出，在科技與經濟發展到某一極限，必轉向爲人文藝術方面來紓解。顯然，以儒家爲本位的中國文化將成爲二十一世紀主流，這也正是中文報業朝國際化發展的契機，我們應掌握這契機；面對報業革命的來臨，充分了解大眾傳播發展趨勢，設法迎頭趕上。

世界上有三種東西本來是最不值錢的，現在卻變成最值錢。那就是空氣、水和新聞。空氣是看不見，摸不著的；水到處都有；新聞也看不見，新聞不寫出來，就不成新聞，它也沒有任何價值；寫出來後，登在甲報有甲報的份量、登在乙報有乙報的份量，而且因寫的人方法不同也有不同的「價值」。

未來科經主導變化更大

今天我們所生活的社會、生存的世界，變動的非常大、非常快，再過十年就是二十一世紀，未來的十年和過去的十年是絕對不一樣的，如何適應未來的社會是大家最關心事，特別是新聞工作者，因爲他們的感覺更敏銳，他們對周遭環境所發生的變化，特別敏銳。

不可否認的，今天的世界是西方所操縱的世界，由科技與經濟主導著一切，但是我們可以預言的，在未來的十年中，主導的因素將會有很大的變化。

因爲，幾十年來大家所談的現代化、開發國家的繁榮，主要是拜科技與經濟所賜，我們今天就是生活在這麼一個經濟繁榮、現代化的社會裏。

我們所面臨的不滿，將成爲二十一世紀的特色，這種景象現在不斷地、慢慢地出現，社會也會朝這個方向發展。

大衆傳播媒體通常分爲印刷媒介、電子媒介兩大類。報紙是印刷媒介的一個主流，主要的代表。

未來十年傾向人文藝術

而今天的報業大致是由工業化、商業化、都市化三種力量所形成的，唸過新聞史、西洋史的人都了解這種趨勢。人類文明的演變、歷史的發展都受到這三種力量的影響。

值得我們特別注意的，是今天西方如何看未來世界，有幾個現象值得提出。

第一個，爲美國新聞記者湯姆・沃爾夫提出的，他對美國社會有極深入的觀察，他也是個小說家；他說，未來十年將是道德的時代，解決社會問題之道，傾向於人文與文藝。

他認爲：經濟發展到極致時，經濟本身已無法解決衍生的各種問題，因而不得不轉向別的途徑以求紓解。這從歷史法則中卽可找到答案，任何一種理論、一種現象發展到了極點，勢必會面臨回頭的命運，是種不變的循環。

沃爾夫把過去二十年視爲發財年代，人人都染上了發財狂的病，西方社會早已發作，我們社會正方興未艾、如醉如狂，眞是可憐，然而最近三、五年來西方社會已不斷有覺醒的反應。

中文報業國際化將來臨

當二十一世紀，謀求解決之道由經濟轉向人文的時候，就是中國世紀的來臨了，我們要特別注意這種趨勢，讓世人了解儒家文化，也就是中國報業國際化時代的到來。

關於報業的發展，美國現代輿論之父李普曼（Walter Lippmann）的看法，報業發展有四個歷程，第一個歷程是報業爲政府所控制、第二個歷程是政黨政治出現後，爲了組織與宣傳而辦報，報業爲政黨所辦、第三個歷程爲社會大衆監督商業化的報業、第四個歷程爲新聞專業化的報業。

根據李普曼的分類，我們的報業社會目前應該已進入第三個歷程，但是由於我們缺乏社會大衆的監督，所以目前我們的報業有嚴重失控的現象。

報業自律精神必須倡導

一個人也好，一個事業也好，擴大到一個社會，最重要的是自我控制，只要能自我控制，許多事情，許多錯誤就不會發生，中國的人生哲學，尤其重視自省的功夫，報業也是如此。西方報業從第二次世界大戰後所形成的新聞自律就是指報業的自我控制。這個自律，在北歐最爲成功，在美國形同虛設。但報業自律的觀念與精神，卻深入人心。

報業自身的巨大力量，再加上商業你死我活的競爭，都急需社會有識之士之有力有效的監督。

至於第四個歷程，由大衆傳播專家來辦報，報業自然考慮到大衆的需要，年輕一代大衆傳播工作者將來也許就會趕上這個時代，所以這種趨勢要特別注意到。

另外，最近有本全球暢銷書「大趨勢二千年」，爲約翰・奈思比與派翠西亞・奧伯汀夫婦合力所寫，他們認爲未來十年是人類文明史上最重要的階段，其中一項特色是藝術取代了體育和其他許多活動，爲什麼他們特別提到體育，因爲體育是動態的，目前我們社會的不安，可以說就是動的太厲害（「狄斯可」應是這個病態世紀之產物），不祇搞政治的人在動，連速食店裏的年輕消費者所表現的也是快速的在動。藝術的好處則是可以幫助心靈、可彌補或治療二十世紀由於科技、經濟所帶來的後遺症，在人類快變成機械動物時，心靈的慰藉特別有其需要。

像國學大師南懷瑾寫的「論語別裁」，就提到二十一世紀是精神病的世紀，也是深深感受到這種壓迫，才有這種遠慮。

報業已轉向革命性改變

報業面臨革命的因素有三：

第一是傳播內容，像過去那種什麼都是新聞，及記者有聞必錄的時代已過去。

第二是環境，生存環境都在急速改變中，新聞是反映環境改變。

第三是新聞本身的變化，傳統報紙由資訊科技的發達已面臨激烈的挑戰，因此當一件新聞發生後，等到我們寫出來的時候，大眾已經從其他的媒體知道這件事情了，所以今後報紙在寫作報導上必須強調 How 和 Why，這是革命性的改進，如果沒有掌握這一點，大眾就不會想看這份報紙，這份報紙勢必被淘汰。

傳播媒體將朝直線發展

大眾傳播的發展，基本上是從個體傳播到羣體傳播到大眾傳播。不過自從報業開放之後，報紙種類太多、張數太多，讓人有看不完的感覺，於是大眾傳播面臨的命運也如歷史演進一樣，勢必改變後再出發，報紙未來的發展是掌握一部分人的需要，也就是從大眾傳播朝向羣體傳播，從羣體傳播朝向個人傳播，媒體才有服務的價值，也才有存在的價值。所以未來傳播媒體的發展是直線的、直接的、個別的，許多轉接、間接的地方都要減免，更是以消費者爲導向爲滿足的傳播。

另外，由於科技的進步，電傳報紙的時代即將來臨，人們坐在家裏，從電腦終端機上找到自己想要知道的新聞訊息，沒有時間限制，沒有印報問題，沒有送報問題。

當這一天到來時，現在形式的報紙還是會存在，可能更爲珍貴，只不過必須有新的精神、新的意義，否則注定失敗。

成功的黃金定律

正直、信守、堅實

「如何做一個成功的主管」，這是現代企業尋找與追求目標。不只是企業如此，凡是靠人領導的地方，都是如此。因爲「人」是決定一件事一個單位一個事業得失成敗，最大的關鍵。人決定一切。軍事作戰，更重視指揮官的培養與選擇。兵是一樣的，就看指揮官，會不會帶兵，能不能帶兵。兵隨將轉。企業的主管——成功的主管，決定在性格，什麼樣的性格，決定什麼樣的主管；什麼樣的主管，決定什麼樣的事業。成功的主管，除了思想與修養外，就看你用什麼方法與精神，去處事、斷事與做事。

我認爲，主管的性格，必須「正直」，爲人做事，必須信守諾言。正直就是正派經營者的化身，以正直、理想、熱忱與勇氣，定能創造出良好的企業形象；至於信守諾言，不論在同事間、內外同仁，或各有關方面都必須說話算話，說到做到，如此才能建立互信、互助，發揮經營成果。中外成功的經營家，在我看來，成功的道理，只有一個：誠信，誠信而已。

「眞刀比試」見高低！

被譽爲「經營之神」的日本松下幸之助先生的「要以眞刀比試的氣魄處理每日的事務」，值得我們從事事業經營者來體會、來學習、來力行。

「要以眞刀比試的氣魄處理每日的事務」是日本企業經營之神——松下幸之助先生經營的結晶體，洞悉其道理容易，但做起來必須下番工夫。所謂「眞刀比試的氣魄」依個人體會是一經比試卽見分曉、見眞假、見高低、見功力，這個道理的啟示在處理每日發生的事務，必須有勇氣、有擔當、有魄力、有看法，同時這個看法在未來日子裏能夠實現。

松下先生的這句話，我的體會，是認眞、是負責，不做一件事則已，要做，就做個痛快，一定要做出結果來；這是他能經營事業的精神，而能成功；在順境是如此，在逆境更是如此；小事如此，大事更是如此。負責，就是對一件事的完成，負責做到底。不能向上推，也不能往下推，尤其遇到難處。國內太平洋事業創辦人孫法民先生就有一個「手諭」，傳給公司每個人：「你經手的事，你就負責。」這也就是松下幸之助先生的精神。

負責？對誰負責？

對自己負責！

對上級負責！

對同仁負責！

對工作負責！

對成品負責！

日本的精神，多來自「劍術」，比劍不認眞，還能比麼？比劍不認眞，只有人頭落地。

有情與無情

我國企業家王永慶先生的「清清楚楚，澈澈底底」經營理念及「有情」與「無情」界限的運用，值得企業經營者深思、體會與力行。

美國商業週刊，在報導中華民國創造經營上有卓越成就的企業家王永慶先生時，提到王先生可將美國不能生產的工廠、沒有用的設備，變爲可以生產、可用的設備，這在美國人來看是天大的本領，這種本領，在美國來看，可能就是「神」，這種本領也代表中國人的精神。國內一家雜誌在報導中國企業經營時亦提到王先生的經營理念有八個字卽「清清楚楚、澈澈底底」，卽辦事務求清楚、澈底，不允許打馬虎。個人認爲「清清楚楚，澈澈底底」就是眞刀比試，不得過且過，因此王先生強調辦事務必追根究柢，任何一點一滴，不可祇求一知半解，也就是凡事從根本做起，有再多的困難，也要奮鬪到底，以求完美，做到一勞永逸。此外王先生特別提到有情與無情的界限，王先生說人情用在肯努力、有貢獻的人身上，是一種愛和鼓勵，假如這個人不用功、不努力、沒有貢獻還要怎樣照顧他，該淘汰的就淘汰，淘汰救了他，讓他有機會反省，這是王先生企業經營成功之處。

王先生經營之道，眞是一針見血，在這方面，王先生不只是實行家也是革命家，因爲自從「德」先生與「賽」先生進入中國後，中國人卽被稱爲「差不多先生」。王先生可說痛雪全中國人之恥。

中國人某些方面很無情，甚至很殘酷，如「殺生進補」；某些方面，又很溫情，如在做事方面，拉關係、講面子，把一個機構害了，也害了這個民族。

理智與情感，是二把尺。做事憑理，做人憑情。至於有情與無情，分寸也許都會捏，除非生活在酒裏，糊里糊塗，只是好不好意思。

該用情，則用情，就是有情；

不該用情，則不用，就是無情。

能這樣，無情也是有情。

專家就是拚命工作

松下幸之助先生曾在其「路是無限的寬廣」一書中特別提到專家的風範，在他的記述中說，約在七、八年前，他曾與一位西方攝影師約好拍照送到美國去發表，原以爲要照的照片只有一張，頂多拍二、三張就夠了，於是他在約定時間準時到場，那知道這位攝影師已經帶了一位助手在那兒，據說早在一個半小時前就到場研究觀察攝影場地，做好準備。他說從那些經驗，使他感動不已，且使他學習到很多道理，對他以後做事，有很大鼓舞意義，受他影響很大。此外他又提到這位攝影師在爲他拍照之前，曾經爲了拍攝金門八二三炮戰的實況，親履金門、馬祖等地，在漫天炮火、遍地彈雨中抱著相機在戰地中打滾，爲了工作而賭命，結果搶了不少鏡頭，他說原來專家就是爲了工作而賭命，我不禁肅然起敬，專家實在偉大，後來我想爲了工作不這樣，就不能成爲專家，這個體驗，說明了無論那一方面的專家，爲了工作就得要有這種獻身、獻力的工作熱誠。

「賭命」，「專家」，以松下先生的精神與事業，他還不斷地在學，眞令人感動。

賭命，就是命都不要，拚命地工作，一個人命都不要，他還怕什麼？歷經百戰的名將，也是如此。只有不怕死，才能贏得戰爭。尤其肉搏戰，因爲你不怕死，敵人就怕死，你就是勝利者。

賭博的人，雖然有一種賭命的精神，但還是十賭九輸，因爲「賭博」本身就是輸定了。

「專家」鑽研一件東西，忘寢忘食，最後而有所成。

如果一個人東張西望，心不在焉，何能有成。

一個人實實在在工作，假以時日，就會成功；拚命的工作，只要方法對，目標對，豈有不成功之理？

你看看，世界競技戰場，那一個體育健將，不拚命地跑?!

自己的錢，公家的錢

一個單位的主持人，怎樣謹慎小心來用公家的錢，如何謹慎小心來用別人的錢，非常重要。個人認爲我們想用錢的時候，如果這個錢，是別人的錢、是公家的錢，就必須以用公家的錢，用別人的錢，如同用自己的錢來作爲衡量的標準。有這個想法，那麼這個事業一定會成功；反之，則成功的可能性較小。這個理念是可以測試的。

一個人的成功，有成功的道理；一個事業的成功，也有成功的道理。名與利，你與我，就是成功的考驗。

你能不能把公家的錢，如同自己錢一樣的珍惜？

你能不能把公家之事，當成自己事一樣來辦？

你能不能把公家之事業，當成自己的事業來辦？

如果能，

你成功了，你服務的事業成功了。
我們的社會也就成功了。
我們今天社會之病，就在於一個「私」字。
「公私分明」，我們的社會，就成功一半；「公而忘私」，我們就完全成功了！

社會是人才金礦

如何適當的用人，也就是大才大用，小才也能作適當的運用，是作爲經理人之基本要務。卽如何找到合適的人才，也就是　國父所講的「人盡其才」，使其發揮所長，確爲事業成敗的關鍵所在。如果找到合適的人才，且使其充份發揮其才能，這個事業一定能成功。基於此，一個事業應用各種方法，循各種途徑，物色適當人才，公開招考人才，就是最好的方式。不論那一種人才，均循公開方式招考。延攬人才，在甄選過程中，雖難免遭遇困擾，但一直本著公開、公正方式，打破人情關說，選拔眞才的精神去做，發揮眞才實用的功效。

我始終相信，人才是取之不盡，用之不竭的；

我始終相信，人才是在社會的；

我始終相信，只有比較，才知道優劣好壞；

我始終相信，社會是一個人才大金礦，只要你用心去挖，用力去挖，一定會發覺的。

在中國的「濫情」社會，一定要用公開考試制度，才能取才，取到眞正的人才。

一方面，中國是「以農立國」；

一方面，中國卻以情建立社會。

凡事是建立在關係上。

這樣的風氣、這樣的「標準」，如何能找到人才？

他推薦某人，不是因爲某人是人才，而是某人與他有「關係」，或是他受人之託，人情壓力所然？

這樣的人情濫用，就害了這個機構！

經營人的氣魄與耐力

集體智慧，是如何匯集個人智慧，變成組織單位中，共同的智慧。因爲任何一個人無法做出了不起的事業，但二人三人，乃至幾百人以上結合在一起，則必定能創造出轟轟烈烈的事業。特別以日本電通社來說明集體智慧的重要性。最近臺北「國華人」通訊，曾報導一位到臺灣來考察及指導國華人業務的日本電通社人員，他在報告電通社的精神時，曾提到電通社在成立八十一年頭的時候（自一九八二年四月至一九八三年三月），年度營業額達到六千八百一十億日元，連續贏得第八年的全球第一，這個營業額是電通社五、七〇〇位員工努力的成果，以員工來分擔計算，平均每人爲公司做了一億多日元的營業額。電通社爲了達到目標，對員工的第一個指示是要有幹勁，要有想貢獻智慧的心意，不過他說：雖然電通社營業額佔世界第一位，但如把全世界第一的電通人移到其他國家，則因彼此文化背景不同而無法謀合。這個道理，給我們很多啟示，對我們創意也很有意義。此外他又特別指出電通社田丸社長對所有電通人五點期望是：

①再一步，再向前一步。

②把自己的範圍擴大。

③注意聽別人說話。

④要有自己獨立的觀點。

⑤切記創業者氣魄與前人的耐力。

從以上五點，可以看出，電通社所以能成功，完全是靠五、七〇〇個電通人，人人把力量貢獻出來，能達到世界第一的主要原因。這個力量、這個精神，也就是今天我們要發揮的組務經營精神，也就是如果每個人在組的經營之下，發揮自個力量而變爲整體力量。

一個組織，是一個人一個人組合而成的。而其間力量變化無窮。一個人固有一個人之力，但企業之精神與力量，乃在於如何一個人加上一個人，不只二個人的力量，三人之力，超過三人之力……而產生無限力，無限的合力。這是經營的道理，也是作戰的道理。

我沒有打過仗，我也沒有帶過兵，不知斥候遭遇戰或大兵團作戰如何打法。

不過，無論小至班，大至兵團作戰，必須要有基本作戰隊伍。

此一作戰隊伍，或爲排、或爲連、或爲營，才便於指揮與調度。

事業經營也是如此，應以「組」經營爲單位。

就是免費，也要特別賣力

要領導周圍的人、事、物，領導者和被領導者長期合作，以後必能開展另一片天地。要有「計畫」，若有正確的長期計畫，再加上忍耐和努力，將會產生希望。要有「自信」，你若沒有自信，工作本身就會缺少動人的力量，也會失去耐心。要靈活、眼觀四方、耳聽八方，不可有一點鬆懈，卽使是在爲人免費服務時也需極爲賣力。

一個人如何工作？一個事業如何領導？伙計有伙計的道理，老闆也有老闆的條件。社會就是一個分工合作體。

老闆的自信、眼光與計畫，都是不可或缺的。

小伙計變成大老闆，不是神話，也不是傳奇。在我們這個機會公開的社會，人人都有機會，就看你有沒有條件。伙計變成老闆，第一個步驟，就是先變成好伙計。好伙計必須手腦靈活、手腳賣力。有人到你家爲你服務過麼？如修電視機、修水管、修抽水馬桶，無論不費吹灰之力，或是滿頭大汗，如果他認爲不值得向你收錢，或是基於「售後服務」，或是「舉手之勞」，或是「老鄰居」……不只是不收錢，還抱歉不止，因爲他的產品壞了，讓你不方便，還道謝不止，因爲麻煩太多。

這個人，你不感動嗎？

這個人不只是可變成老闆、大老闆，可賺進天下人的錢。

爲人免費服務，還要特別賣力，才眞正感人。

相安不一定無事

「不要擔心起摩擦」確實有道理，一個事業主持人在每天處理事務中難免發生摩擦，問題是摩擦既然不能避免，當我們面對人、事困擾在相爭不下的局面時，一定要以達成目標為解決問題的根本，絕不可存有和稀泥、和事佬、馬馬虎虎、大家相安了事的心理，也就是應以團體利益為解決問題的核心，絕不可放棄公司利益或犧牲團體利益，來解決人事上的困擾。

「摩擦才能製造動力」，但在我們中國社會，往往追求「相安無事」的處事精神，因而「和稀泥」成為我們這個社會的特產。世界第一的日本電通社，其工作信條第十項，就要求員工「不要擔心起摩擦」。此所以「電通」能成為世界第一的原因——精神動力也。

的確，相安不一定無事。

爭要看爭什麼？是爭理、或是爭情；是爭和或是爭分。

眞理是值得爭的，而且越爭越明。

一個機構也好，一個社會也好，怕摩擦、怕事，往往成爲小人惹事鬧事的原因。尤其現代大眾傳播事業發達，記者無孔不入，萬一見「報」怎麼辦？這都是不健康的心理。一個負責任的主管要說：見報有什麼關係？

「有心」的事業

我曾在讀者文摘讀了這樣一段話和這樣一段感人的故事：「成績優異的人在做困難或重要的事之前，都會在心中一再考慮該怎麼做。」又指出：「中國大陸有位鋼琴家在文革時坐了七年牢，出獄不久便恢復演奏水準。他的解釋是：『我一直在心裏練習。』」

「成績優異的人」，「做困難或重要的事」，都是經過深思熟慮的。一旦決定，就會全力以赴，這就是決策者的決斷。

「我一直在心裏練習。」的確，心是一個人的主宰，心也是宇宙萬物的主宰。

這是我的經驗、我的體會，也是我的信念，一個事業要想發達，必須這個事業體的人，都能有心、用心，進而建立一個良心的事業。

「用心良苦」，正是事業經營人的精神。

用「良心」建立的事業，則無往而不利；利行天下，也會義行天下。

目標，倫理，紀律，效率

一個公司的生命，可能是十年、二十年、乃至五十年、千百年，它是無限的，而個人生命是有限的，如何把個人有限的生命化成公司無限的生命，這個重任，就要依賴事業主管來實現。

任何事業，都有長程目標、短程目標。目標愈明顯、愈清楚，其工作績效愈好，一個組、一個部、一個室，是如此，整個公司亦是如此。因此，我們所想的、所做的，對事業的今天、明天，都會有相當相當大的影響。

「塑造企業文化」是一本書，也是近年來大小企業努力以赴的事。尤其是大眾傳播事業爲然。因爲傳播事業，不但是企業機構、更是文化事業機構，肩負企業責任與文化責任的雙重使命。「一分鐘管理秘訣」這本書，在我們這個社會環境中，給我們重大的啟示，特別是大眾傳播事業和一般企業的作業習慣不同，一般企業，就目標的訂定，通常以月爲標準再慢慢慢演變爲以日或以時爲目標，但我們新聞工作是論秒、論分鐘的，如果工作同仁的思想觀念、作法不能以秒或分鐘作爲計畫目標，我們就很難達成新聞工作之需求。

至於如何「塑造企業文化」，我認爲尚須有下列認識：

一是目標。

二是倫理。

三是紀律。

四是效率。

目標是我們大家、每個人、各個部門都集中力量針對事業的目標去做、去完成。

倫理，就是把公司當成家庭，同仁如手足，親愛精誠的精神。

紀律方面，記得「天下雜誌」曾特別報導日本問題專家傅高義與趙耀東先生一段對話，共同強調我國當前維護企業紀律的重要性，這就是企業精神存在的道理，因爲企業精神是明是非、講好壞、重創新、守信諾。

至於「效率」，在「一分鐘管理秘訣」中，說明三個構成點：一是設定一分鐘的目標，二是給予一分鐘的讚賞，三是執行一分鐘的懲戒。這三個要點，則顯示目標突出，對效率的達成，更有助益。給予一分鐘讚賞是對一件好的、值得讚賞的，即予讚賞，不宜拖延，而失意義；執行一分鐘的懲戒，是發現不對的事實，立即給予懲罰。

熱忱，勤勉，績效

關於一個公司環境的造成，目標的達成，臺北工商時報副刊曾刊出一篇文章指出：公司未來的領導人物，必須具有熱忱、勤勉，與良好的績效，才是優秀領導者的品質保證。熱誠是表現在服務方面，這不論表現在節目播出上或人員應對上均相當重要。例如警衛同仁、服務臺同仁，更應表現以熱誠相迎，以吸引別人對本公司產生信心、力量。勤勉是中華民族與別人競爭的最大本錢。勤勉，主管應以身作則。因爲主管能不能帶別人，要看他的上班情形，如果不能在部屬上班之前到班，或部屬下班後清理今天的事，準備明天的事，則很難當以身作則的主管，很難在整體組織，產生績效。此外，不論講企業目標或文化目標，如以坐標位置，應如圖示：坐標範圍內反映，因爲新聞就是商品，也是文化結晶體，而商品講價格、文化講價值，我們必須兼顧而得，對國家社會有貢獻，我們才有經營的價值，此一良好績

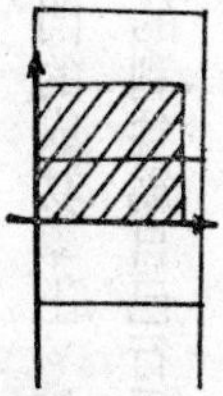

效，特別是新聞主力部門，應合力地達成，至於後勤單位則表現在服務精神上或建立在其他部門的成功率上。總之，我們要表現誠誠懇懇、乾乾淨淨、堂堂正正的事業精神，站在以公司的利益爲自己行爲的出發點，爲座標與目標。

適時的讚賞

「一分鐘的管理秘訣」中，指出實施「讚賞的點券」很有績效、很有意義，值得事業單位推行，尤其是向基層同仁。對基層同仁的辛勞，給予關懷，讓其主管知道，如有優異表現，立卽讚賞。此外從基層中發掘人才，培養人才，以鼓舞士氣。

企業經營管理，重視效率與效果。有效率又有效果，必須立刻獎賞，才能發生立卽效果，也才能發揮經營績效。我以爲西方社會，尤其美國社會的小費制度，固然是一件令人不勝其煩的陋習，確是社交場合禮貌的潤滑劑。所費不多，樂趣無窮，何樂而不爲？

適時的讚賞，在美國亦形成一種社會制度與習慣，隨時都在說：「謝謝你」、「對不起」、「我可以不可以」……。

我們的社會如何？文明與野蠻，可能就在這裏！

聲譽是怎樣建立起來的

一個人，一個事業，最重要的，就是聲譽。聲譽不是「造」出來的，而是一點一滴做出來的。

一個事業的聲望，要靠主持人，事業每個人，確定價值，建立目標，鍥而不捨，點點滴滴，都是功力；一點頭一聲笑，都是精神，也都是愛。

和聲譽有關的，就是公司的精神。我以爲公司的成員，至少需要三種精神：

一、犧牲，要搶在別人前面；享受，落在別人後面。

二、認清自己的缺點，認清他人的優點。

三、要多做少說；做人誠誠懇懇，做事踏踏實實。

這個事業，就能鴻圖大展，無往而不利。

員工的標竿

一位員工，每天從家裏出來，上班去。日日如此、週週如此、月月如此、年年如此，直到退休爲止。他如何上班？如何處理公事，利弊得失如何？也許習慣成自然，並不注意這個，其實，心中處理公事或公務，心中要有一把尺。這把尺，要作以下的考量：

一、要對得起國家。
二、要對得起社會。
三、要對得起公司。
四、要對得起員工。
五、要對得起自己。
六、要對得起部屬。

相乘相加的力量

一位家庭主婦，不管房子再大，總嫌少一間；衣服再多，總嫌少一套體面而時髦的外出服。做主管也是一樣，總是嫌人少。加人，加人，是主管百吃不厭的胃口。

不過，我認爲如確有必要，新進人員加入組織後，應產生相乘、相加力量，而不是代替的力量，更不是新舊排斥的力量；應注意人員在職訓練，使他們認識公司、認識工作、認識自己、認識同事，以發揮結合力量。

微粒的經營效果

原子彈，加速第二次世界大戰的結束。原子彈威力無比，但其特質，是體積小而威力大，且產生連鎖的爆破的力量。

日本人吃盡了原子彈的苦頭，成爲人類歷史中的悲劇。但日本雖付出代價，亦得到收穫。也就是棄甲投入事業後，學習到「微粒」的精神，發展成「短、小、輕、薄」的日本產業時代，從收音機到汽車，「日本製」所向無敵，東洋的「小日本」，打倒了西洋的「巨人」，這是以小吃大的時代產物。

從原子，從微粒，我們產業界，能學到什麼?有了，企業界應發揮微粒的經營效果，任何一個人，任何一件事，都能產生經營擴散力量（請注意，不是傳統的事業體本身擴散）。把突破的面更爲擴大，把突破的點更爲有力。

天下事總要有人做

也許是風雲際會，連同現在參加的事業，我先後獻身工作，都是一般人認爲是一個事業最苦的時候，我乃有機會投入。

所謂「苦盡甘來」，對於我而言，卻沒有這個福分。當苦盡甘來之時，又是另一個「苦來」的挑戰在等着我。

有人看我與苦結緣，不免爲我叫屈，還有人叫我算算命。我因爲宗教信仰的關係，做事向本良心，做自己該做的事，負自己該負的責，不做不該做的事，從不迷信。

夜寂人靜，尤其爲事業所苦的時候，不免自我思索一番，爲甚麼會如此？

大概還是一個「緣」。我和苦的事業有緣。

我也很知足，能有一而再、再而三這樣難得的安排，而且屢試不爽，得到長官以及社會對我有信心，乃有試煉的機會。

每當苦吃不下的時候，我就想到孟子的「苦其心志」，自我安慰一番，轉瞬之間，又是一條硬漢。

一個人當沒有人知道你苦，甚至得不到同情與支持的時候，只有自己安慰自己。這是世界上最廉價，也最有效的特效藥。

我常常讀書、看報紙、閱雜誌，凡是對我工作和精神有幫助的文字，我都吸收。以強我心、以壯我志。

幾年前，報紙發表的書獃子所撰寫的「生活日記」，我每天都讀，並把它剪下來珍存。有一次，讀到清朝中興名將左宗棠的一句話：「天下事總要人幹，豈可避難而就易？」從此，我更對「吃苦」之事，視爲當然了，甚至隨時準備吃苦。久而久之，竟不知「甘」爲何味。

要我享福，還眞不容易。

作時間的主人

人間世最公平的事，莫過於每個人都有相同的時間，但卻有不同的結果。有的人，以有限的時間，創造無數人的幸福；有的人，以有限的時間，創造輝煌的事業。這就是歷史。

時間是歷史的主人。你要想創造歷史，就必須成爲時間的主人：分秒爲你所用，你的生命必能與星辰爭輝。

從深夜到黎明

一個事業的成敗關鍵，往往取決於「人」的運用：只要是人才，一個事業的主持人一定要盡力爭取。

電視公司所提供的是節目，觀眾所看到的也是節目，其實，重要的，還是看不見的東西——人才，有人才，才有節目；有人才，才有事業。以前任職臺視時，經常與節目部主管扮演三顧茅廬的角色，甚至有過在人家的客廳裏從深夜等到黎明的紀錄。

成功的黃金定律

民國七十六年七月一日，是我在臺視職位上工作了六年。這一天晚上，一位值班的同仁說：今天是您到公司六年，值得紀念。

六年，對於電視工作者來說，就是十二年，因爲電視工作是幾乎二十四小時的工作，日夜在製作，也不分晝夜，都在播映節目。你必須全神貫注在節目製作上與播映上。

六年中，對我個人來說，最大的收穫，並不在於公司盈餘增加了三千三百多倍，而有成就感的，還是讀了兩套有份量的書，並得到一些啟示與心得，發揮在工作上，並爲同仁所支持與認同。

一套是松下幸之助：經營管理全集，共二十五册。

因爲工作的關係，我幾乎費兩年時間才把它讀完。松下先生是日本「經營之神」，他所經營的產品，在今日世界生活中，眞是無所不在，比當年日本皇軍的子彈厲害多了。松下幸之助，在經營上，眞是發揮他一貫的做人做事，眞情流露的精神。

松下的精神，二字代表他的一生，代表他的一切：眞誠。眞的，眞誠而已。這是松下不朽的精神，也是「人」的至高無上的精神。

松下名滿天下，他的著作專書如林，國內的報章常有介紹他的經營文字出現。讀者對他、對他的經營體系，都耳熟能詳，這裏就不做介紹了。

這裏，我要向讀者介紹的，是筆者正在看的一套書：成功致富寶典。也是一套大書，共有二十六册，對於追求成功致富的人來說，也是一套好書。

這本書，眞是奇妙無比，根據中文出版者的說法：目前正以七種語言，行銷世界二十三國，改變了七十五萬人的命運。

這是一套啟發潛能、發揮潛能之書。照原書序文中所講的：世界上最成功的人，都是在開始發揮潛能後，才走上成功的途徑。

如果你現在還沒有成功，不是沒有成功的機會，而是尚未發揮你的潛能。

這套書，更讓中國人心動的，與令中國人產生信心的，是處處流露出中國人的智慧與信念。整個的過程，就是教你怎樣捕魚的方法。

孔子的哲理，是本書的重心，也是導致成功者的基本信念。

你是不是想成功？

成功，不是屬於特殊、特定的人，而是像你我的普通人，也只有普通人才會成功。所謂雄才大略，只是對於一個成大功的人，一個令人羨慕的形容詞而已。

成功的路上，沒有天才，天才也不一定會成功。成功與否？不在於別人，而在於自己，在於自己的信心。你相信能成功，並掌握一定目標，朝一定方向走，一定就會成功。

卡耐基原是一個默默無聞的人，靠苦幹成爲鋼鐵大王後，就成爲近代世界最成功者之一。於是成爲「成功專家」，不少有關他的成功的書，更有無數人寫他如何成功的書。

卡耐基就說：「在任何行業中尋求成功，都不可缺少熱心、毅力、敏銳的興趣以及眼光。」

「一切成就的起始，就在於確知自己究竟要什麼。」這是卡耐基給陷在生活苦惱中的人，最簡易的一副靈丹。

成功？如何才算成功？卡耐基根據他自己的經驗，對於成功作如下的定義：「成功是一種獲致人生中，自己要追求的任何事物的力量，而不侵犯別人的權利。」

追求成功者，都把時間浪費在尋求成功的秘訣？但眞正成功者，不會有什麼秘訣的，因爲根本沒有秘訣可言。但成功，還是有成功的法則。成功致富寶典一書中，集合無數人成功的經驗，加以歸納、比較、驗證，而得出「十五項成功法則」。

這十五項成功法則是這樣的：

一、明確的目標

一個人一生下來，就確定了你一生要有一個目標。「目標」有大有小，有遠有近，但你必須確定，並以此爲目標，不斷地努力，才能實現，這就是人生，就是目標的實現，也就是人們所稱的成就。作者說：不管人們對成就的定義是什麼，但保持目標的單純性卻是成功的基礎。然而，思想的單純性，卻必須要求對各項有關的題目進行思考才能達成。

能力的發展就是成功。所謂能力，作者解釋說：就是有組織的能量或努力。

目標的達成，與興趣有很大的關係。據統計分析，那些無法達成目標，失敗者百分之九十五的人，都是從事他們所不喜歡的工作，而那些成功的百分之五的人，則是從事他們最喜歡的工作。

作者在仔細觀察過一百多位，在其本身行業獲得傑出成就的男女人士的商業哲學觀點以後，發現了一個共同的事實：他們每個人都具有明確果斷的優點。

成功是建立在忠實、信心、眞誠、合作的積極的原動力上。

簡單的成功步驟只有三個：熱烈的欲望、明確的目標與充分的適當行動。

二、自信心

自信心是對抗自卑的無敵武器。它的理論根據：所有植物的細胞都有很高的智慧。所有動物的細胞也同樣有著很高的智慧。

唯有自信心才能克服恐懼，也唯有自信，才能消除恐懼細胞。人類都會具有與生俱來的恐懼，問題是如何想它們，如何去克服它們。這六項恐懼是：

1. 貧窮，
2. 年老，
3. 遭人批評，
4. 失去心愛的人，
5. 疾病，
6. 死亡。

當你開始懷疑別人不相信你的時候，你要記住：只有在你相信自己時，別人才會相信你。

這不是宗教的口號，最偉大的奇蹟就是信心。因此，相信你自己，但不要向別人說你能幹什麼，而是以具體而實在的行動。

三、儲蓄的習慣

不把錢存下來，沒有人能夠成功。這是最簡易的法則。中國有句千年不變的眞理：金山、銀山也有花完的時候。富不過三代，也就是這個道理。

在任何環境下，中國人能致富，就是「儲蓄的習慣」，也就是最好的證明。

就錢財標準成功而言，不管你賺多少，沒有儲蓄，就無致富可言。

中國人致富道理，全在儲蓄習慣上，就是省吃儉用，也要把錢存下來。甚至存錢，幾乎是人生的目的。

美國社會，所以由極富中衰退下來，就是在於社會的消費經濟制度。造成消費習慣惡性循環，致出現今天的窘境，那就是信用卡的氾濫，花還沒有賺進的錢，是變相的透支。

信用卡在我們中國社會流通不起來，就和我們民族性有關。

賺錢及存錢，雖是數學原理，但聚財的道理及規則卻十分簡單，任何人都可以採取，也都可以致富。主要的先決條件，必須願意爲將來的幸福或保障，犧牲或者緊縮現在的支出，節省不必要的開支，自然，更奢侈不得了。

幾乎所有的財富，不管是大是小，它的眞正起點，就是養成儲蓄的習慣。

有儲蓄習慣的人，生活也會正常，同時，也會受到重視，賦予較好的工作機會。

同時，當一個人有良好儲蓄的習慣，酒肉玩樂朋友，就會離你而去，剩下的，不是「交際應酬」的朋友，而是有益的良友。所收到時間及精神上的效果，就遠在儲蓄之上了。

本書作者鼓勵那些在逆境中失去奮鬪勇氣，或者不知道上進的人：有了強健的身體，永不衰退的信仰，充沛的精力，持續不斷的樂觀，以及不怕挫折的信心，任何人都可以打贏生命中的這場戰鬪。

現在，就試一下你的意志，是否堅強，也持續試試你的決心及努力：現在就到銀行或郵局開一個儲蓄戶頭，就是一元錢，也是好的開始。此後，每日、每月，要固定地——固定地時間、固定地數目，把錢存進去。你就可以積小富爲大富，積零錢爲整錢。世界上大富翁就是這樣起來的。

你能賺多少，並不重要，重要的，是你能存多少。

有無儲蓄致富的標準？依照人類歷史中，最會發財致富的民族之一——巴比倫人的標準，是十分之一。也就是你只要能賺十元，你也只要能存一元，你就會致富。巴比倫首富，宣言致富秘訣時說：「你要保存全部收入的一部份，儘管你賺錢數目很少，你也要保存十分之一以上的存款，存的愈多愈好。」

四、進取心及服務才能

進取心及服務才能，好似二件事，事實上是一件事。只有進取心的人，才有資格去領導人，有領導才能的人，必須具備進取心。

什麼是進取心？是一種美德，也是一種習慣。那就是積極主動去做你應該做的事情。有進取心的人，幾乎無往而不利。

以進取心爲標準，世上有三種人：

第一種，主動積極全力去做。

第二種，有人告訴您怎麼做時，要立刻去做。

第三種，有人強迫他時，才會去做他該做的事。

世間事，還是最公平的，你屬於那種人，你就會有那種結果。一個人是如此，一個民族也是如此。

「領導才能」因素很多，但有一項才能和進取心密不可分的，沒有採取主動及進取心習慣的人，永遠找不到領導才能。

進取的慢性敵人是拖延，領導的死敵是私心，因之，一個有進取心的人、一個具備而且發揮領導才能之人，必須：

第一、你必須克服「拖延」的習慣，把它徹底自你的個性、行爲中根除。

第二、獲得幸福唯一方法，就是把幸福傳給他人。

當然，領導人的性格與方法很多，主要地，「領導才能」有二種：一種是有害又具破壞性，一種是有益且具建設性。有害的那種不會領導人們走向成功，反而走向徹底的失敗甚至毀滅。

領導靠領導才能，領導才能是什麼？

第一是自信心。

第二是道德觀與道德行爲。要想發揮道德力量，你必須過着清白的生活，你必須有充分的腦力看出正確的途徑，更要有正確行爲的意志力。

第三、果決的行動，是迅速而堅決下定決心的力量。

第四、心胸寬大，才能容更多的人，更多與你不同的意見。

第五、同樣重要的，除了通事理外，還要通人情。

五、想像力

想像力，是屬於你自己的，蘊存無窮，力量也無窮。

「不可能」，如你運用想像力，就會把不可能實現。

不管你現在做什麼，將來想做什麼，都需要運用你的想像力。

人類一切非凡的發明與貢獻，都是想像力而來。

當一個人面對困難與危機時，他的想像力會變成比以前更爲活潑。

一般人把事情看成複雜，看成困難，受過了思想或行爲習慣所影響，不願運用想像力。

其實，天下沒有想不通的道理，只要你肯想。越是簡單及容易想出來的觀念，其價值也越大。

想像力用在人羣服務時，最需要的就是熱忱。

六、充滿熱忱

「熱忱」是迷人個性的基礎，你要影響他人，而願意與你合作，你必須具備「熱忱」。

說話要有熱忱，更重要的，你說出這些話的語氣與態度，更要有熱忱。

熱忱是自發的，也會受到感染的。只要你有熱忱，你自己才會受到感染，也才會感染別人。

熱忱是天生的，也可以後天鍛鍊而成。

只要你有熱忱，你就會發出感人的力量，影響面對面的人、影響一些人、影響無數人，甚至影響整個世界。

當然，熱忱的大敵，是做作。

因之，思想、行爲、語言必須一致，熱忱才能有效，才能感人。

七、自制力

熱忱與自制力是相輔相成的。熱忱是促使你採取行動的重要原動力，而自制則是指引你行動方向的平衡輪，它能建立起你的行動，而不會破壞你的行動。

想要做個極爲「平衡」的人，你身上的熱忱和自制必須相等及平衡。

世界偉大人物的生平事蹟，他們全都擁有自制的美德。

花錢習慣應該自制，同時，儲蓄就是良好的自制。

寧靜致遠，就是自制的功夫，「忍」更是自制的至高無尚的修養。你必須先對自己徹底的控制，使你自己成為一個寧靜之人，然後，才能獲致更高、更廣的成就。

當沒有人可以約束你，你自己更要約束你自己。良師益友，給你最大的幫助，就是幫你自制。

所有成功的人士在自制方面，都有很高的成績，所有的「失敗者」在這重要的人類行為法則上的成績都很低，通常只得零分。失敗者最大的破壞力，就是在「思想」、「言語」與「行為」上失去控制。

成功與失敗，往往決定於你們所擁有什麼。成功的因子，是成功、自信、自制、耐心、堅定與決心；失敗的因子，是缺乏信心、怨恨或是缺乏自制。因之，成功與失敗不是偶然的，而是取決於積極的或消極的品格。

八、任勞任怨、不計酬勞

這一點，一般人很難做到，你能做到，你就會成功，你就會成為「人上人」。因為一般人喜歡佔點便宜，不願意吃虧，你能不佔小便宜，你能吃虧，那麼，你在人羣中，與眾不同，自然就會佔便宜了。成功的，是你；庸庸碌碌一生的，是他們。

這一點，本書作者提示了成功的原則：

——太計較報酬反而阻礙自己。

——不計較報酬而報酬更多。

更重要的一個原則，要做得多過報酬。這一原則一般人絕對不願也做不到，你能做到，你就與眾不同，你就會成功。

你一旦建立了「任勞任怨，不計酬勞」的聲譽之後，一生享用不盡，眞是好處多多，隨處都是「高升」、「高就」的機會。

作者根據二十五年來，研究成就與努力的關聯性，目的在找出原因，以確定爲什麼某些人會達成重大成就，而具有相同能力的另外一些人卻一無所成。値得注意的是，凡是工作努力超過報酬的每個人，都比那些只是提供少許努力以求「總過得去」的人有更好的職位，而且所獲得的報酬也更多。

作者親身的體驗更爲確切。他說：就我個人而言，在我一生當中，每一次獲得升級或加薪，都可直接歸功於因爲我提供了比我所獲得報酬更多及更好的服務，而且受到眾人的公認。

在我們社會中，我們更需要下列的眞理：

——幫助他人獲致成功，是你自己獲得最佳成就最迅速的方法。

——每一個人都應該是他自己最嚴厲的監工。

——責備比讚揚更有益。

「責備比讚揚更有益」，乃是基於愛默生在「論報酬」一文中所指出的：「責備比讚揚更爲安全」。愛默生說：「我痛恨在報上發表文章爲自己辯護。只要有人說出對我不利的話，我就覺得自己已獲得了某些成就。但是，只要有人對我說出讚揚的甜言蜜語，我就會覺得我像是一個人躺在敵人面前，未受到任何保護。」

這也就是良藥苦口的道理。

九、吸引人的個性

每個人都有個性，問題在你的個性，是否會吸引人？

你的個性就是你的個性，你不要一味模仿他人：模仿他人永無成功的機會。因爲模仿是次級品的代名詞。

記住：你的個性是你的特點與外表的總和，這些也就是你和他人所不同的地方。

吸引人的個性，也有幾項簡而易行的原則：

——洞悉人情世故必能成功。

——內在品格才最吸引人。

——積極的品格最具力量。

——樂觀友善是眞正的吸引人。

十、正確的思想

這是一切持久成就的重要基石。你想的對，才能做的對。正確的思想，才能產生正確的行動。

如何才能有正確的思想？必須以事實作爲基礎。思想的偏差，固然由於「固執」，同時，往往以想像代替事實。因此，認識事實，根據事實加以評斷，才是重要的。因此，正確的思想有二項基礎：第一、必須把事實和純粹資料分開來，因爲你可以獲得不是事實的資料。第二、你必須把事實分成兩種：重要的和不重要的，「有關係的」和「沒有關係的」。

正確的思想者只和事實打交道，不管這些事實將如何影響到他自己的利益。作者指出今天「思想」的歧異。他說：今天大多數人的想法，不但不正確，反而以利害關係爲唯一的基礎。事情對他們有利時，他們表現得很「誠實」，但當一件不誠實的事情對他們似乎更爲有利時，他們就會找到無數的事實，來作爲他們從事這件不誠實事情的理由。

作者更進一步指出，許多人錯誤地，把事情的利害關係當作事實。

正確思想者的眼睛看到的是事實——而不是偏見、怨恨與嫉妒的幻想。

思想不是幻想，因爲成功是一步一步登上去的。

成功並無捷徑，但正確的思想是成功的捷徑。

人與人間並無差別。差別就在決心。

十一、專心一志

選定目標，全力去做，不達目的，絕不終止；就是專心一志。本書把「專心」作如下的定義：「把意識集中在某一個特定欲望的行爲，並要一直集中到已經找出實現這項欲望的方法，且成功地將之付諸行動。」

專心努力，是傑出人類的特點。最接近大發明家愛迪生太太有一次說：愛迪生的長處很多，但其中一項最爲傑出，也就是他的最大資產，那就是專心。

環境、習慣與記憶力，都和專心有關。

不要受到環境影響，任何環境——好的、壞的，都不會改變、影響你的工作目標。好的習慣不能養成，你就必須下定決心，改變壞的習慣。記憶力與注意力有關，爲了幫助你的記憶力，你不妨採取「隨身記」的習慣。

十二、合作精神

這是今天我們社會最需要的一種精神、一種力量。國父決心救中國的時候，就發現中國人是一盤散沙，成不了什麼事。寧可單打獨鬥，不願與人合作，寧可自己做「陽春」老闆，也不願與人做生意，這都是合作精神的悲哀。

合作是所有組合式努力的開始。「合作精神」一章中，開宗明義就指出，同時也告訴讀者一個活生生的例子，卡耐基利用不超過十二個人的一小羣人的合作努力，而積聚了大筆財富。

力量是一種團體式的努力。「團結努力」的過程中，最重要的三項因素是：專心、合作、協調。缺一不可。

我們一年一度的考試季節甫過，少數人跳進龍門，多數人落落寡歡，還有些人，因爲學校與志願不理想而遺憾，有些不對勁。其實，正如本書作者所指出的，你在學校接受了什麼教育，並不重要；重要的是，你要把你在學校中所學到的，以良好組織與指導智慧，以行動表現出來。

成就與力量通常總是一起出現。有組織的力量，是力量較大的一種。任何形式的集體工作——兩個以上所組成的合作性的組織，都比單獨一人更有效率。

十三、失敗爲成功之母

似乎是老生常談，但中外古今研究成功之道經驗專書中，都列爲金科玉律。

這項原則背後眞正的力量是：毅力。因爲沒有一件困難與有意義的事，輕而易舉就會成功的。不經過重重困難與挫折的成就，那也算不了什麼成就。這也就是成功與克服的困難成正比。作者說：我研究過古今偉人，從蘇格拉底、耶穌基督一直到近代許多有卓越成就的人物，因而獲得許多證據，可以支持這項理論。這些成功人物當中的每一個人，他們的成功程度，和他們所必須克服的障礙及困難正好成正比。

當你認爲或感覺，你遭受挫折或失敗的時候，請記住：

——除了你自己之外，沒有人有權說你是一位失敗者。

——林肯在遭遇最困難的考驗時，他經常會這樣說：這一切將很快過去。

自我慰藉、堅忍、勇氣，都是「失敗爲成功之母」力量的源泉。

十四、寬容他人

這是中國儒家以及世界各宗教，均重視「寬容」的精神，尤其對你的敵人在內。先總統蔣公的「以德報怨」，就是人類史中之極致，不只是寬容一個人，而是寬容一個民族。

寬容的精神，當然在原諒他人的過錯，甚至由於這一過錯，而招致的傷害。

寬容，更要包容不同的意見，縱然你有自己的主見。你應有主見，就算你的主見，代表眞理。

一個理想的傳播，特別是基於互諒相容的寬容精神，更需要長期不間斷的努力，形成一個社會的精神、一個社會的力量，則受益的不只是這個社會、這個民族、而是整個人類。如能這樣，爭吵就不會發生在街頭，國際間也不會發生糾紛與戰爭。

人類本是一家，何事不能相容相諒？

學習寬容，是一個社會的長期目標。

傳授一個社會思想的，有三大力量：學校、教育和大眾傳播。

合作與容忍，才會有永久的成就。

十五、「實施黃金定律」

這個定律，在教你如何使用人類行爲的法則。經由它，便可輕易地獲得他人的合作及協助。

「黃金定律」可作如下的解釋：你要別人如何對待你，你也就要同樣地對待他們。「這就是法則，也是預言」。

本書作者強調，孔子的「己所不欲，勿施於人」的精神，就是「黃金定律」法則哲學。黃金定律中，還談到誠實與幸福的原則。

誠實是成功的基本條件。以「黃金定律」爲基礎的誠實，是實實在在的誠實，而不是那種只重視利害關係的誠實。自己的內心先要誠實，先對自己誠實，然後以相同的誠實態度來對待其他人。

有幸福才算眞正成功。若是沒幸福，就不能算是成功，而一個人若是不能把幸福分享給其他人，他自己也不能獲得幸福。

如何對待別人？這是「黃金定律」很重要的一個原則。對待別人要公平合理，原因之一是這種行爲可能引起別人以同樣的態度報答你，但更好的一個原因是，對別人友好、公平，可在採取這些行動的人身上發展出積極的個性。

種瓜得瓜，就是「黃金定律」的不移道理。

偉人不是天生的，相反的，巨富多是白手起家，問題是有無決心與毅力。有決心的人，是不怕任何阻礙的。

創業成功的條件

首先，每個人應存有一個觀念，就是只要做大事而不要做大官。做大官是非常少數的，我們許許多多的人，做個平凡的人，我們這個社會，我們的國家，整個世界才會平安。

商科同學畢業後，不論就業或創業，一定要努力精進，一切要靠自己，因爲機運是得來的，而命運卻是靠自己創造出來的。

所以，自己是不是人才？自己會不會成功？現在這個社會，不是靠祖宗有德，祖宗有財產；而是要看你自己，怎樣想？怎樣做？青年同學在校是眞正平等，大家起跑線是一樣的，等到一畢業後就不一樣了；在這不一樣的路程當中，要如何發展自己，開創事業呢？

一個事業的成功，不是錢有多少，而是我們對別人有多少貢獻？我們和別人有什麼不同的地方？所謂不同，並不是要你搞什麼花樣，也不是服裝上的不同，而是我們對人羣、對社會、對這個世界能有所貢獻，和別人不同的貢獻。

在一個被商業所籠罩的世界當中，一個只要有鈔票就能擁有一切的社會環境當中，大家往往認爲，一個人成功了，一定是大老闆，但這並不是標準；眞正的標準是 國父所說的「人生以服務爲目的」，也就是對別人提供多少貢獻。

開創世界聞名旅館王國的希爾頓先生說，事業的成功有十個要訣：

一、發覺你自己的才能。要相信自己有才能，相信自己有辦法，而不要迷信。才能是不受限制的，才能是不講招牌的，你有辦法就是有辦法，有本領就是有本領。尤其是，在這個社會當中，要靠自己的才能求得生存地位、生活的保障，求得壯志和發展。因此，首先要發覺自己的才能，尤其是在青年時期，不要說等到路走的很遠了，才發現自己的路走錯了，首先要衡量自己、要認識自己、要發覺自己、要肯定自己。

二、要大，要想得大，做得大，這是希爾頓最重要的本領。這就是西洋人所謂的「野心」。大，對我們來講很重要，爲什麼呢？如果有了大志，不管將來中止也好，成了小的成就也好，不要把自己看得太低。青年同學，將來踏出社會要挺起胸膛，要有大的志向，將來在這社會上，要做一番轟轟烈烈的事情，不但在社會、在亞洲、在整個世界也要奮戰一番，就是我們的夢想不能實現，至少在社會當中也可以出人頭地，所以不要把自己低估了。

三、誠實待人。每個人都喜歡誠實的人，喜歡講實話的人。對待同學、父母、兄弟、老師，對待每一個人都應該誠實。

四、生活需要熱情。所謂生活熱情，不要看起來沒有精神，看起來懶洋洋的，生活充滿了朝氣、希望、幹勁就是熱情。對人家有一種吸引力，看起來很有朝氣，這樣就能吸引別人。把熱情用在對的地方、用在向高處想的地方去、用在奮發有爲的方向去，而不是旁門左道，不是去虛幌一下，也不是想怎樣去整人。在學校的生活，在家裏的生活都需要熱情，有時會因你的熱情使得家裏或學校變得更融洽及和諧。

五、役物而非役於物。我們要利用物質條件，我們要利用錢，而不要讓錢或物質所利用，不做物質的奴隸。因爲一個人往往在有點成就後，就奢侈於金錢及物質上的享受，成了物質的奴隸；我們應該將所得錢財，運用於有用的地方，多做一些好事，用在對別人有幫助的地方，如此錢財愈多，對這社會、國家、世界的貢獻也愈大。所以役物而非役於物，是我們中國固有的精神。

六、面對問題不憂不懼。有問題時沒有關係，不用擔心也不要害怕，在校同學大家怕考試，而這一生當中不知要面臨多少考試，那不是完了嗎？一有煩惱及問題，不要憂，也不要恐懼，這就是我們國家的精神，也就是　經國先生的精神，每次碰到大的風浪，大的危難，都能安然的度過，而且愈來愈順，碰到逆境的時候，我們更能堅強。

七、不要沉緬於過去，而要瞻望將來，就是把希望及目標放在將來的日子。過去的日子很短，未來的日子卻很長；過去的道路很短，未來的道路還很長。不管是好，是壞，都會過去的，未來在我們自己的手裏。不要懷念過去，要想如何開闢未來的道路，這才是實在的。

八、盡可能高估他人，勿輕視他人。不要看輕別人，但也不要太低估了自己，更不可輕視他人，大家的才智是一樣的，你能拚，別人也能拚，這全在別人肯不肯拚，自己肯不肯努力而已。

九、爲我們所生存的世界力行完全的責任。生存在這個世界上，人人應該爲這世界做點好事、做點善事、做點有意義的事。如果中華民國每一個人都這樣想的話，那我們中華民國一定會成爲一個很了不起的國家。所謂完全的責任，就是不取巧、不逃避。世界爲什麼會如此混亂？爲什麼壞事會這麼多呢？就是很多人想拿進來多一點，付出去少一點，才會促成許多危機，總是想把別人的東西變成自己的。所以力行完全責任是很重要的，只要是生存在這世界，個人對自己的言行舉止都必須要有力行的責任。

十、持久而懷有信心的祈禱。持久，做任何一件事要持之以恒，懷有信心且信心不變，每天要祈禱。我做到了，我感謝；我沒有做到而檢討。在這世界上許多偉人都這樣做，包括富蘭克林，他每天必把自己的錯誤寫下來，檢討自己的錯誤；先總統　蔣公也是如此，所以持久而懷有信心是很重要的，我們不要動搖，不要遇到挫折馬上就改變自己。天下愈難做的事情，做的人愈少，成功的機會愈少，所以你才能成爲人上人，這就是要考驗你的毅力、你的決心，所以希爾頓先生才能够由小的旅館，而成爲現在遍佈全世界各地的大旅館，都是憑著持久而懷有信心才得來的。

接著談工商業老闆用人的標準：

一、家庭背景　使用家庭背景單純的人，特別是家庭環境較差的，因爲，家庭背景差的較能吃苦、能耐勞。所以，很多位老闆要用家庭比較貧苦的子弟，而不用富家子弟。

二、學校風氣　各國在用才方面都喜歡專用某個學校畢業的，像國內就喜歡用臺大畢業的，而老闆喜歡用學校風氣良好的學生。這個學校出來的學生是不是誠誠懇懇？是否謙虛？是否很有禮貌？是否肯做事？如果給人家有了這些好印象，那麼這個學校畢業的學生就不怕沒有出路了。學校風氣良好的學生，就是因爲他們很純樸、很有禮貌，也肯做事。所以學校的風氣，不是靠學校的招牌，而是靠每一位學生來維護的。

三、學校的成績　有些老闆認爲你在學校的成績好，表示你有榮譽心、責任感、肯上進，卽使將要畢業了，也應保有更好的成績，這樣表示這個人很知道上進。所以在學校的成績好，對青年學生很有幫助，老闆知道你在學校功課好，那你對份內的工作也一定能做得很好，而且會做得比別人還好。如果在學校裏，自己的榮譽、自己的成績都弄不好的話，老闆交待你的工作，你又怎麼擔保會做的好呢？

四、經驗　社會工作的經驗或許在校學生都沒有，但辦事的經驗一定有，比如在學校當什麼幹部等。新加坡的政治很清明，行政人員很有幹練、很有尊嚴，而李光耀先生他如何選人才呢？他就是把那些在學校裏服務熱心，擔任社團負責人的人，列入優先的選擇，列入優先的培養。他認爲，這些人很有服務的經驗，有幫助別人的經驗。因此建議青年學生，在學校裏有服務的機會，不管是爲同學服務、爲學校服務，都要搶在前頭。這是鍛鍊自己做事的機會，鍛鍊自己幫助別人的機會，機會很難得。一個人是不是自私？在這個地方看得出來。肯負責的人，必爲國家棟樑；不肯犧牲自己去服務大眾，而且毫無責任感的人，必定不能成大器。因此在學校服務熱心的人，將來在社會必會有所成就。

五、誠實的品德　具有誠實品德的人，不但可找到很好的職業，將來也會成爲很有用、很有才幹的人。人家會很放心的把工作交給你做，因爲你不會走歪了、不會做砸了、不會偷懶，這都是誠實的品德所產生的力量、所發出的光輝。所以特別提醒青年學生，要不斷地問自己，是不是一個誠實的人？同學之間要相互勸勉，相互的改進，希望同學都能養成誠實無欺的品德，這是一種考驗。

六、識才適用　發覺自己的才能，能做什麼事，就做什麼事，千萬不要眼高手低。我們要認識自己，要了解自己，不怕出身低，也不怕從基層做起，而是你肯不肯把自己的工作做好，如果你能把現在的工作做好，將來才會有更好的工作。年輕人常是眼高手低，不能識才適用。其實，只要能把工作發揮，做得比別人好，就會有前途，一定會受人賞識。

七、羣體的觀念　今天在學校，要以校譽為重，這就是團體的觀念，將來在那個事業單位，就要以公司單位為榮，要盡心盡力為這個團體，為這個機構貢獻力量，爭取榮譽。團體的觀念，是由人在裏面活動才能顯示出來，所以人決定一切。

羣體的觀念，是工商界缺少但卻很需要的，現在的老闆很怕兩種人，一種人就是跳槽，另外一種人就是工作在這一單位，卻又埋怨這單位；這兩種人都很可怕，但是第二種人比第一種人還可怕，因為第一種人能够跳槽，他必定有跳槽的本錢。所以同學們在學校，要愛護這學校，將來參加事業單位之後，也要愛護這團體，任何一個團體都有缺點，問題是你自己有沒有缺點，如果你沒有缺點，那麼這團體很需要你，你就必須改變這團體，貢獻你的才能。

八、人才決定在興趣　天下最痛苦的是，自己做自己不願做的事情。對自己的工作產生興趣，才能勝任愉快，一個人有不凡的成就，不外乎靠兩種條件，一個就是有興趣，像發明家如愛廸生、愛因斯坦，因爲他有興趣，以此爲樂；一個就是毅力，毅力就是要堅持到底，就會成功。所以，興趣及毅力是我們就業、創業成功的條件。

另外，對於字跡潦草不堪，開頭整齊後面很凌亂的，隨便寫寫的，塡表不淸楚不認眞的，很難成爲可造就的人；所以要注意你的外表，也要注意你的內涵；同時，耐性、定性、自我控制脾氣，是象徵一種百折不撓的氣度以及具有苦幹精神的人，都是企業家歡迎的人。耐性，很重要；定性，能够定下來，自己控制自己，因爲天下事情就如同 國父所說，不如意的事十之八九，一遇到不如意的事，就要脾氣，沒有人會喜歡這種同事，沒有人會歡迎你的。

所以，以上談到的八點用人標準及希爾頓先生提出成功的十要訣，都是就業、創業必須的條件。靑年學生，秉持希爾頓先生的成功十大秘訣及企業家的八大共同目標，只要努力去做，做得愈多，成就就會愈大，成功的機會就比別人愈多。

為「實現自我」而工作

近三十多年來，中華民國臺灣地區隨着工業的快速發展，以及經濟的高度繁榮，社會結構也出現了明顯的調整。其中，婦女從小農家族式的生產參與，大規模轉換到勞工密集的工業生產，是決定性的因素之一。

在經濟的高度繁榮趨勢中，臺灣地區產業結構也在調整中，根據經建會的推計，到民國八十九年時，服務業將在產業結構佔一半的比重，而同時，工業生產也將大量的自動化。這些調整與趨勢，在在縮短了男女性體能差距的問題，而使婦女在整個社會與經濟的發展中，扮演空前的重要的角色。

一般人討論婦女就業問題時，不免把家庭與事業，看成是魚與熊掌般的兩難問題。就完整的人生意義而言，這是個不貞切的看法。

美國作家 Blotnicn，在一項針對三千四百多位婦女，長達二十五年的追蹤研究中發現，女性事業成功的基石是美滿的家庭生活。換言之，家庭與事業就通往成功的人生境界而言，是相輔相成的力量，而非兩害相權的問題。

成功的事業，固然需要美滿的家庭生活做基石，但是美滿的家庭生活，又何嘗不需要更開闊的「自我實現」與社會成就感，來充實並豐富它呢？

所謂犧牲了家庭生活，而換取事業的成就，只是庸俗小說的故事而已，卻難以存在於眞實的人生中。家庭生活不美滿的人，不論女性或男性，既然無以「安內」，就遑論「攘外」的事業了。

家庭與事業是成功人生的一體兩面，在現代社會的男女，應該認清這種「善的循環」的眞諦，做到「內外兼顧」，才是人生的智者。

在臺灣地區的現代化過程，女性知識份子的就業表現，根據臺大心理系李本華教授最近提出的一項研究報告中指出，共有十六大類，成就最爲突出。在這十六類中，與傳播事業有關的就佔去了六大類，分別是：報紙、雜誌、專欄、文學創作、電視、廣播等工作。

婦女在傳播事業中的卓越表現，使傳播事業的女性成員比例，在快速的增加中，根據政大新聞研究所彭芸教授所做的一項統計顯示，臺北市最近十年女性記者的人數增加了三倍。

就以本人服務過的臺灣電視公司而言，有段期間，新聞部十四位採訪記者中，女性記者即佔去了九位，這些經過激烈競爭，招考進來的新人，普遍表現優異。

在臺視節目製作方面，本人曾與日本電影導演今村昌平先生交換意見，同感於女性知識份子在寫作方面的智慧與感性，是提昇電視節目的重大寶庫，臺視乃毅然提撥專款辦理「婦女編劇班」，延攬在國際影視界有傑出成就的人士，輪番密集擔任教師，先後爲期一年，果然，績效不凡，收穫豐碩，爲臺視節目的提昇，注入了有力的新血。

七十六年的婦女節，以知識份子爲對象的「中國論壇」雜誌，出版了「婦女節專輯」，發表了「女性知識份子與臺灣發展」研討會中一些有份量的當代傑出女性的論文，影響必將深遠。其中，最引我興趣的，爲彭芸教授的「女性與新聞事業」。在這篇論文中，彭教授引述Sohn 根據一九七九年編輯人與發行人年鑑（Editor and Publisher Yearbook），針對美國西南五州報社男女經理所做的一項調查報告。研究者問詢這些男女經理，何種管理技巧是最重要的因素，男經理認爲「爲公司而非爲個人設想的能力」最重要，女性經理則認爲「處理壓力的能力」、「和上司保持友誼與聯繫」、「不製造麻煩」、「技術的能力」等較爲重要。其後，論文評論人殷允芃女士也很重視這些觀點。

這至少反映了傳播事業男女主管，所面臨的管理課題，如果我們深入研究，顯然將觸及女性敬業問題的核心。

至於女性知識份子應如何提升其敬業精神，我願就多年服務大眾傳播事業的經驗，略述其觀感。首先，我認爲女性知識份子參與社會的各行各業，目的應該放在人生的「自我實現」上，而非僅着眼於謀一份工作，換取若干薪水上。積極地說，做爲一個現代人，女性知識份子就業的目的，應該放在參與社會、貢獻潛力、實現人格等「自我肯定」上，從而透過「自我肯定」的實現，締造充分的人生成就感。而薪水也者，不過是隨之而來的低層次的物質報償罷了。

就在這一基本認知下，我認爲女性敬業精神的培養，應該特別注意以下幾個方面：

一、要加強對外在現實環境的認知能力，勤於在專業知識上進修，並且持之以恒。

二、要加強實事求是精神，主觀的直覺和印象，宜愼審對應，凡事愼思明辨，求其看法客觀，信念堅定。

三、養成高度自動自發工作精神，進而全神貫注工作，善於享受工作的成就感。

四、要培養高度的團隊工作精神，並且注意正常人際關係的建立。

五、重視並堅守原則，對於事情的本末輕重加強洞悉及分辨修養。

六、重視工作改革與創新的重要性。

傻勁與幹勁

中國人，能夠成爲中國人，必有其精神，而不同於「外國人」。中國人有一股幹勁、有一股傻勁，這股幹勁、傻勁表現在取捨關頭上，尤其明顯。這往往是不瞭解中國文化的人，覺得不可思議的。

這樣在歷史中，或在時代中，屬於獨立特行的中國人，爲數雖不多，但影響卻很大。幹勁與傻勁，也是中國文化的精神，這是中國人能、外國人不能之處，也是中國人的力量所在。發揮這股力量，所造就出來的，是一股「非中國人不可」的磅礴局勢。

日本東京電視公司（TBS第六頻道臺）將王貞治母親——王登美女士的回憶錄，改編成連續劇「王貞治的母親——感謝的歲月」，「中副」也將回憶錄精彩內容摘要譯出。讀王貞治的故事，就找出了中國人所以爲「王」的「人格」，令人感動，令人敬佩。

王貞治令日本人爲他瘋狂、癡迷的原因，因爲他是刷新日本棒球史最多紀錄的人，幾乎改了日本職業棒球每一項的打擊紀錄。

自從一九五八年加入巨人隊迄今，二十多年的棒球生涯，王貞治所創下的紀錄，眞是空前。

——他曾經獲得十五季的全壘打王，兩度獲得三冠王。

——他曾在一個球季中，擊出五十五支全壘打。

——他九度當選爲最有價值的球員。

——一九六五年至一九七三年間，他率領巨人隊連續九年贏得全日本冠軍。

——一九七七年九月三日，他擊出了第七五六支全壘打，打破了美國棒球明星漢克・阿倫的世界紀錄。

王貞治成功了！成功的背後，有著無數苦幹的汗水。

——他拖著輪胎練跑，以訓練跑壘的速度。

——進入巨人隊第四年，他開始練習「稻草人式」打擊法，每天到半夜一兩點才回家。非比尋常的幹勁，使得王貞治建立起非比尋常的成就。當王貞治創下世界嶄新的全壘打紀錄後，日本首相福田糾夫、美國總統卡特、漢克・阿倫……都紛紛向王貞治道賀。此時，他在棒壇上的對手——名投手金田正一，發表了一封致福田首相的公開信，才透露了一段王貞治鮮爲人知的秘密：

原來，王貞治在十七歲的時候就當選爲早稻田實業中學的代表隊。儘管他的表現優異，但是因爲他沒有日本國籍，所以無法參加全國青棒大賽。王貞治堅持維持中華民國國籍的身份，因此一直無法向風靡日本的全國青棒大賽進軍。當時，他非常失望，一度打算放棄心愛的棒球，改行做名小職員。後來，所幸王貞治蒙「貴人」相助，破例特准他以中國人的身份，參加全國青棒大賽，使得他的棒球生涯大放異采。

對國籍，王貞治抱持著絕不妥協的態度，他寧可放棄自己酷愛的棒球，但絕不放棄中華民國的國籍。

王貞治來自一個十分傳統的中國家庭，儘管他的母親具有日本血統，但由於久受中國文化的薰陶，經常被誤認爲中國人。王貞治的父親長住日本，他常告訴他的子女：你們來自中國家庭，你們永遠是中國人。就連王貞治準備娶恭子小姐爲妻時，王老先生去提親，他只對女方的家人說了一句話：「貞治是中國籍，只要你們瞭解這一點，我們就沒有意見了。」

現在，王貞治仍持用中華民國護照，以「永住」身份僑居日本，夫人恭子原籍日本，應王貞治的要求，從此改持中華民國護照。

由於王貞治堅持的傻勁，今天，不但中國人以他爲榮，日本人也與有榮焉，讓更多的人分享了他的光榮。

寫到這裏，使我們想到另一位誓做中國人的故事，他就是晏陽初老先生。

美國展望雜誌（Look），曾在一九五五年，選出晏陽初先生爲「當前世界最重要的一百位人物」。這位爲「全球鄉村改造奮鬪六十年」，一直是推動農村建設、推展平民教育的不老尖兵。難怪展望雜誌推崇他說：「他爲農民生活改進的理想與精神，舉世無雙。」

晏陽初先生能夠成就大事業，得助於中國精神——傻勁、幹勁。近代史學家吳相湘教授在「晏陽初傳」一書中，曾經記載一件事情，足以說明晏先生的性格精神。

「一九一三年九月，香港聖保羅書院（香港大學之前身）入學考試揭榜，晏陽初成績最優名列第一。按照規定：如果是英國國籍，卽可獲得一千六百元獎學金。當校長召晏詢問：『願否爲英國公民？』晏搖頭示意說：『這對中國人來說，代價太高了！』因此，這一次獎學金就依次給予比晏的成績少十三分的一名香港出生的中國青年。」

晏陽初先生的「傻」，卻正是他的聰明。如果，當年他入籍爲英國公民，今天，他的榮耀就成爲英國人的了。

近幾年來，中國人的優異表現在世界各地不斷崛起；愈來愈多的外國人，對中國人執著的傻勁和幹勁，印象愈發深刻。

傻勁與幹勁，是中國人的精神所在。我們要和遍佈全球的中國人，攜起手來，心連著心，不管您在那裏，只要是中國人，就以一顆傻勁的心，以一股幹勁的力，共同開創中國人世紀的到來！

他們是怎樣成功的

現代的人類生活，先由美國的愛迪生、福特、洛克斐勒等所創造、所操縱；繼之而起的，是日本的模仿強力「株式會社管理」，所形成的「日本第一」市場與產品，法力無邊，所向無敵。

如今，「美國頂好」已盛世不再，成了褪色的「花旗」；日本的櫻花，由於患了資本主義的臃腫症，也面臨凋謝的威脅。

眞的是盛極必衰？未必盡然。無論美國或日本，有遠見者固不乏人，但就主流而言，實在是因爲缺乏精神主力所致。

相反的，這些年來，活躍在海內外的中國人，無論是發明家、科學家、工程師，能够成功，都是具有「中國精神」所致。

中國人的精神，固然很多，但能够成爲中國人的精神，而靠它成功，那是骨氣與志氣，尤其是與外國人相比，在外國的土地上，與外國人一爭長短，更是如此。

中國人能夠出人頭地，對於自己的國家，甚至對於世界，有所貢獻，全靠中國人精神。

李遠哲是如此，其他我們所熟知的人物，如詹天佑、晏陽初、吳健雄、王安，莫不如此，無論他們有多大成就，他們的精神，他們的成功精神則一，那就是發揚中國人的精神。

詹天佑：中國人不容輕侮

詹天佑是我國留美學生的先驅者。論輩份，除了容閎之外，就是詹天佑了。他是早期四批赴美一百二十名幼童之一。詹天佑由中學到耶魯大學，非但成績優異，爲人處事，更堅守做中國人的原則。

留在中國人心目中，是詹天佑以中國工程師的精神，修建完成「京張鐵路」，吃外國人不能吃的苦，做外國人不能做的事，令外國人刮目相看。

其實，詹天佑留下更大的遺產，不是有形的鐵路，而是無形的精神。

詹天佑在「告青年工學家」一文中，勉我國青年工程師應守的職業道德。他說：「不因權利而操同室之戈，不以小念而萌傾軋之念。視公家事爲家事，以己心諒人心。」眞是金玉良言，今天讀來，還是一帖救民族的良方。

早期自美學成歸來的幼童留學生，論名位顯赫一時，爲數甚多，但論貢獻，詹天佑可謂中國近代史上不朽之人物，難怪胡適之先生獨鍾詹氏：「是回國後能有機會充分運用所學的專門學術，而建立偉大成就的唯一的一個人。」

詹氏成爲「要做大事，不做大官」的典型。他的一生，奉獻給中國鐵路，爲中國鐵路開先河。譽爲「中國近代工程師之父」，讚爲「中國鐵路之父」，均名至實歸。

詹氏的中國人精神，發揮在與洋人打交道上。淩鴻勛與高宗魯合編的「詹天佑與中國鐵路」一書中，有以下的精彩記載：

「民國二年（一九一三），詹天佑爲漢粵川會辦時，德人雷訥(Linow)爲總工程師。某日雷氏致函督辦言：『中國工程師無能！』要求撤換，全由德員接充。詹天佑聞悉，特召雷訥來見，命其重讀原信，詢其有無錯誤，雷氏無言。詹天佑問：『何謂中國工程師無能？』雷氏答有少數確係無能。詹天佑將原信退回，說此信含義不清，少數不力人員，可以撤換，但仍需由華員遞補。並且告訴雷氏，德人經驗豐富，可任高職，但其他職位必需保留給華員，以增長華員的經驗。借外債築路，不應該所有工程人員全用外人。雷訥理屈而退。」

壯哉，詹天佑！

晏陽初：中國人無價

晏陽初，是中國現代史上一位特立獨行的人物。曾以高齡長居美國，業已謝世。

他也是一位做大事的典型。

他的一生，乃是以他的血肉、毅力，貢獻於中國、亞洲的廣大農民，爲平民教育而奮鬪的第一人。他是民國三十七年八月十一日，中美共同宣佈中國農村復興委員會，中國方面三位委員之一，其他二位是大家所熟知的蔣夢麟與沈宗瀚〔美方二位委員是穆懿爾（Raymond T. Moyer）、貝克（John Eail Baker）〕。

晏陽初的精神與毅力，曾感動了美國的輿論，被譽爲「時代一偉人」、「當前世界最重要人物」。

一九四七年三月二日，「基督教科學箴言報」發表「中國知識份子」（The Chinese Intellectual）社論。社論指出：「如果可能，晏陽初（我們時代一偉人）、美國人的金錢、中國人的品性，三者結合將爲中國綴成新時代。」

一九五五年十月四日，美國的「展望」（*Look*）雜誌，刊佈晏氏爲當前世界「最重要人物」（Most Important People）一百人之一，讚其爲「農民生活改進的理想與精神，舉世無雙。」和　國父孫中山先生、容閎一樣，民族思想的萌芽，都發生在香港。

一九一三年九月，今天香港大學前身的聖保羅書院，入學考試成績放榜，晏陽初成績最優，名列榜首。據吳相湘教授所著「晏陽初傳」中有以下的生動描述：

「按照規定，如果是英國國籍，即可獲得一千六百元獎學金。當校長召晏詢問：『願否爲英國公民？』晏搖頭示意說：『這對中國人來說，代價太高了！』因此，這一獎學金就依次給予比晏的成績少十三分的一名香港出生的中國青年。」

好一個「中國青年」晏陽初。

這就是晏陽初，這也是中國人的精神，他的這種精神，贏得國際的尊敬，也爲「全球鄉村改造奮鬪六十年」，中國人是有骨氣的。

吳健雄：中國淑女典型

吳健雄，好男性化的名字，她卻是典型的中國女性。

被稱之爲「中國的居禮夫人」，吳健雄女士眞是新文化、舊道德的典型。

端莊文靜，就是吳健雄女士的畫像。

一九六三年五月二十五日出版的美國「時代周刊」，報導她在物理學術方面的成就時，敍述她是一位出身於中國舊式家庭，唸過列女傳、孝經之類的舊書，滿肚子三從四德的賢妻良母典型女性，並說她儀態莊重、不苟言笑。

吳健雄女士的端莊賢淑，就和她在物理學上的成就一樣，令人尊敬。這就是中國文化的無形力量。

吳健雄女士乃是集智慧、知識與端莊於一身的中國女性典型。

王安：中國文化源遠流長

美國工商及出版社會，受到艾科卡寫的自傳「反敗爲勝」旋風所影響，有兩把經營管理實務刷子的，都想把自己的經驗寫出來，印出來，名滿天下。就出版界而言，此正如「今日美國」報所指出的：「印製大名鼎鼎的董事長或總經理自傳，已變成一種傳統。」

年來，由企業大亨變成作家的人物有：

新力公司的盛田昭夫著「日本製：盛田昭夫與新力公司」。

王安公司的王安著「教訓：王安自傳」。

雷明頓產品公司維克多・江著「追求利潤：如何變成一個成功的企業家」。

多明諾比薩餅公司湯姆・穆納罕著「比薩餅之虎」。

美沙石油公司肯恩・蘇根斯著「我的自傳」。

當然，對我們中國讀者來說，最親切的，還是王安的「教訓」。

王安，電腦世界的巨人，一位典型的中國人。

王安的成功功夫，就是運用了中國人的文化修養，在頂尖科學王國中發揚光大。

王安電腦公司創立三十五年，從王安一人白手起家，如今成了營業額三十億美元、曾名列全美十大富豪、員工逾三萬人的跨國公司。

王安的成功，就是中國人性格與精神的成功。

王安自述「教訓」的動機時說：「成敗固有運氣擺弄，但我堅信成功並無『秘訣』……促使我寫成此書的動機無它，只想藉此說明，成功非干天才，只是擇善固執而已。」

王安的成功，早在他抵美之前，就有了「本錢」。王安回憶說：「我發現在我來美之前，在中國所學得的為人處世態度與價值觀念，對我做生意之道，有着很大的影響。這種價值觀念與儒家的美德，有許多共通之點，儒家的思想是中國的一種思想體系，強調行為要端正，要有節制。」

中國的教育根源，是來自家庭。王安也是一個典型。他說：「由於祖母的教誨，儒家思想也深深印入我的腦海。我覺得對經營的成功很重要的一些特性及原則——如節制、耐心、權衡和簡單明瞭等——大都符合儒家思想的精神，同樣，我認爲藉着爲自己的社會服務，可以得到一種滿足感，這種想法實際上也屬於儒家思想。」

王安的名字，就是百分之百中國化的。當時決定用王安作公司的名字時，就在告訴美國人，告訴世人，這個公司的「源流」。王安說：「我選擇自己的姓作爲公司名稱的部份原因是，當時我的期望不過是，由於它是獨資經營的公司，公司無非就是我本人。而且我希望公司能反映我的價值觀和我的源流——其實我那時眞的想不出其他更好的名稱。」

這也就是他在書中一再強調的，人不能忘本。他說：「我總是以中國文化博大精深爲傲，中國人絕不能忘本。」更重要的，中國文化的歷久彌新的精神，他說：「中國古代的思想（如儒家思想），今天仍然和二千五百年前一樣適用。」具體不忘本的措施之一，他的王安學院已開始了一項中國人獎學金計畫，提供個人博士後研究的支持。

王安的成就，使得美國驕傲。他也是美國爲慶祝自由女神一百年紀念儀式中，獲選爲全美最傑出的十二位移民之一，榮獲雷根總統親頒「自由獎章」。但他對於放棄中國國籍，成爲美國公民，頗感矛盾。當時是這樣的：「我們雖有定居的打算，可是一直沒有成爲美國公民。一九五〇年代末期，中共有意要求將『革命』後居留在美國的中國留學生遣送回國。美國政府官員跟我們聯繫，態度溫馨，給我們成爲美國公民的機會。」

王安，是電腦世界的巨人，他所面對的敵人，還有兩個：一個就是ＩＢＭ，一個就是日本。

ＩＢＭ是電腦世界的大恐龍。

王安電腦無論商場、研究、宣傳，都和ＩＢＭ交鋒過，表現出來的，是初生之犢不畏虎，大有所獲。

一九八六年一月，王安與ＩＢＭ競標、較量之下，王安贏得了在全美國空軍基地安置管理資訊系統，價值四億八千萬美元的合約。王安說：「我們能以低於ＩＢＭ的價格得標，而且按照合約的價格，我們仍能獲利，這是一椿非常值得注意的事情。」

當王安公司於一九七一年十一月推出一二〇〇自動打字機時，首度與ＩＢＭ交鋒。當時的情形，頗富戲劇化。王安娓娓道來：「由於這是我們首度與ＩＢＭ對抗，新聞界在我們推出一二〇〇時，其注意力的焦點全都放在爲一家膽敢和ＩＢＭ對抗的小公司喝采之上。實際上，ＩＢＭ也要求參加我們在紐約舉行的記者招待會，當有人問我，『ＩＢＭ對你的產品會有什麼反應？』時，我回答：『後面坐着兩個ＩＢＭ的副總裁，你爲什麼不問問他們？』當一羣記者四下張望我指的是誰的時候，兩位副總裁顯得尷尬萬分。」

富可敵國的ＩＢＭ，已經够可怕了，但更可怕的對手是日本。王安指出：「還有一個甚至比ＩＢＭ還要可怕的對手。它是我們公司及其他每一家高科技公司，包括ＩＢＭ都必須傾力迎戰的，那就是日本。我在觀察，及歷經日本經濟侵略之後，所得到的結論是，日本根本沒從第二次世界大戰學到什麼教訓。他們沒有減低帝國主義的野心，只是換一個戰場，不是軍事上，而是在經濟上追尋可以征服的目標。」

王安公司，無論趕上ＩＢＭ，或是戰勝日本，都要靠中國文化功夫。王安已經長期休息了，但他的精神，永遠刻在電腦人心板上。

李遠哲：秉持民族自傲

李遠哲博士，繼楊振寧、李政道、丁肇中之後，第四位獲得諾貝爾獎金的中國人。

李遠哲是怎樣成功的？李遠哲能夠成功，中國人都有機會成功，雖然不一定都有機會得諾貝爾獎金。同時，諾貝爾獎金雖是世界上學術界至高無上的榮譽，和頂尖成就的代表，但不是唯一的成功代表。

李遠哲的成功，雖無秘訣，但自有成功的精神。歸納起來，李遠哲求學、求知的性格：堅持、努力、自信、獨立進取，都是他的成功因素。

但，他的成功，還有屬於中國人的因素，那就是：中國人非但不甘居於人後，而要做

「人上人」。

從孩提到成名，李遠哲要做一個爭氣的中國人。功成名就，他回到昔日的臺大，他這樣說出心中的話：

日據時代，他一直以爲自己是日本人，抗戰勝利後，他問母親什麼時候要走？母親說，又不是日本人，幹嘛要走，他才知道自己是中國人。

「由於中國的積弱，使他在求學時代一直有一股強烈愛國心，驅使自己不斷努力，在國外時也常秉持着民族自傲，誓言要比洋人做得更好。」李遠哲的稚子之心，眞令人感動。

中國人的成功故事，日以繼夜，點點滴滴，無分時空，滾滾向前，乘雲向上，累積而成。中國人分享中國人的驕傲，也是中國人所共享，那就是屬於全中國人的成功、全民族的驕傲。

一代事業家的真言

人類往何處去?固然是未知數。人類從何處來?所知有限,也是一個問號。但人的思想,卻有其同一根源,尤其是古今中外的聖賢,常有英雄所見略同之感。這一根源之智慧,就是人類精神之眞理,是人類原始也是最後的資產。

就拿日本來說,日本人能有今天的「奇蹟」,就是思想上的開花結果,是以儒家文化爲中心的思想與西方的科技結合的結果。

無論從日本史去找答案,或是從日本人物去找線索,日本成功的根本,還是在於思想的發揚。

成功的中國人之外,把儒家思想化爲成功的果實,莫過於日本了。

現代的日本,看得見的,是:機器人、照相機、收音機、汽車,影響最大而看不見的是:儒教、禪等。

因爲眞正的力量，是看不見的。

日本人文化與日本生活，都是基於儒家思想的道德觀和西方科技的功利觀，互爲表裏，而成爲今天的日本。事實上，就歷史根源來看日本，創造日本最早的憲法「十七條憲法」的聖德太子，其本身就是對儒家思想有深刻的認識。十七條憲法的精神，就是八德的化身。第一條開宗明義：「以和爲貴、無忤逆，乃所成宗族……」

現代日本成功企業家，還是具有很深功力的中國道德觀，無論啟始或功成名就，都是如此。可惜不爲外人所瞭解，這對中國文化發揚也好、世界新文化形成也好，都是一種遺憾。

西方視爲現代日本「經營之神」的松下幸之助，就是一個典型的例子。

松下幸之助的經營精神，就是中國道德精神的實踐。松下先生的著作等身，事業眞是「無疆」，在「恩德才能教人服氣」一文中，闡揚先總統蔣公「以德報怨」的精神，最爲深刻：

「中日八年戰爭結束之後，中國國民政府蔣中正先生聲明對日本採取『以德報怨』的政策，希望中日兩國從此結束仇恨，敦睦邦交。他這種寬大爲懷的心胸，眞是難能可貴，既不主張報復，也不主張賠款，許多日本人都感激不已。」

「『以德報怨』是兩千多年前，中國古聖賢老子的名言，歷來各朝代的賢君名臣等領導人，都把這句名言奉爲圭臬，成爲中國傳統的美德。例如三國時代，諸葛孔明爲了想讓西南蠻族降服，他並不是一味地採用武力，而是採取懷柔的手段，七擒七縱，最後使蠻族心悅誠服地歸順。」

「像這種中國的優良傳統作風，蔣先生又一次地躬親實踐，充分顯示了一個領導者的寬宏氣量。」

「身爲領導者雖然無法事事都向蔣先生、諸葛亮……這些偉人看齊，但至少在道德上不能有嚴重缺憾，才能發揮自己的潛力。」

這眞是一代事業家的眞言。

由此可見，古今中外的偉人，思想與氣息，總是相通、相聯，且一脈相承的。松下幸之助對於儒家思想之崇敬，與對先總統　蔣公仁愛精神的感召，乃是同屬中國文化主流的證明。

英雄出少年

——「小說松下幸之助」評介

人類自有時空觀念以來，就有古今中外、東西之別。但人類思想源泉，似乎來自一處。也無論東西中外，人的成功，道理則一。

那就是英雄出少年。也就是自小見大。

幼小時的思想與行爲，往往不只是影響這個人的一生，也會影響時代，甚至影響人類的生活。

西方如此，東方也是如此。

美國的崛起，自有多方面的因素。但還是以人爲主因，人的思想與行爲，影響美國的歷史與時代。

歷史的教材

美國的歷史人物，無不以華盛頓、富蘭克林、林肯爲標榜，爲楷模，尤其是思想道德教育，影響既深且遠。

這些影響美國的歷史人物，並不以功勳爲標準，而是以道德爲依歸，乃能成爲不朽。

此正如「美國新聞與世界報導」於一九八七年二月二十三日，在「流言散佈於美國社會中」專題報導中，開宗明義所指出的：對千千萬萬美國人來說，華盛頓小時候勇於承認他砍下櫻桃樹的故事，是教導兒童眞誠、榮譽和美國精神，最標準的模範。美國的國父，寧可接受懲罰也不肯撒謊，他的後代子孫也應該模仿他的榜樣。故事有個明確的寓意：優秀的美國人要說老實話。

就在這個專題同時，另一個「價值觀念教育乃無價之寶」的專欄中，還提出美國加州的教育專案爲各年級學生推荐「富於價值觀念」的閱讀教材。其中，視爲不朽故事的一本書：「伊利諾的林肯」，是一本關於一個貧窮卻誠實的男孩成大器的故事。

「伊利諾的林肯」與華盛頓，在美國兒童教育中，同是不朽的教材，內容不是寓言，而是眞實故事。

西方如此，東方也是如此。

日本式英雄

就以日本來說，日本史中值得讚佩的英雄人物似乎並不多，一般人總以日本戰國時代的英雄人物——織田信長、豐臣秀吉、德川家康，影響日本的發展很大，而各有所長，常常爲日本子民所崇拜。

日本人所創造的三C(Car, Color TV, Cooler)生活時代，創造現代日本的英雄，松下幸之助之功業與影響，尤其是思想言行方面，不只是創世紀的英雄，而是帝王。

無獨有偶，松下先生今日之種種，以及對今世、對後代的影響，都是基於他早年的苦難生活。

松下幸之助在他的畫傳前言中，就有這麼一段話：「我在一九〇三年，滿九歲的時候，開始接觸到生意。」

「當時我的家庭經濟情況不好，我不得不出外當學徒，在和歌縣紀乃川車站，跟母親離別，獨自前往大阪。」

「這種成長的歷程，或許可稱爲『變化多端的人生』。我可能比別人走過更坎坷的路，但無論如何，我的每一天、每一步，都是在戒愼和充實的心情下度過的。」

松下是一面做學徒，一面學著做生意。一個離家背井的孩子，心情之苦、生活之苦，是可想而知的。每次，當他向他的父親訴苦的時候，他的父親就告訴他：「偉人都是從小做學徒幹起，經過千辛萬苦才成功的。不要灰心，要忍耐啊！」

松下的一生，是在學徒生涯中磨練成智慧，學習到本領，而成爲一代事業家。

松下的精神，啟自他「率眞」的性格，無論做人、治事，都發自他的至誠本性。他有一種偉人當仁不讓的天性，就是表現在做「小徒弟」的時候。

小學徒立大功

我曾經一個字一個字讀完二十五巨册的松下幸之助經營管理全集。得到許多啟發與啟示。下面這個故事，最爲我心醉。他曾經自述，做小學徒的時候發生的一件往事：

「我做小徒弟是十四、五歲的時候，曾經發生過這麼一件事：

當時，店裏用六、七個人，我最小。大師兄工作很勤奮，可是手腳不乾淨；有一次給老闆逮著了，老闆認爲他是第一次犯錯，平時又很賣力，考慮一番，決定只加以訓誡，而仍舊留用他。

我知道後，立刻跑到老闆那裏請求辭職。老闆愣了一下，問我原因，我就坦白告訴他：『您決心要留用犯錯的人，我就要辭職，我以跟他同事爲恥。我不願意跟壞人一起工作。』老闆聽了好像很爲難，可是也沒有理由辭掉我而留他，於是毅然決定開革犯錯的人。

現在回想起來，也許是我年輕氣盛，不體諒老闆的苦衷，不同情犯過的人，做得太絕了。可是當時認爲這樣做是對的，就憑著年輕人的衝動去做了。

沒想到店裏的風氣從此變換一新。大家在心理上不再有陰影，變得明朗多了；又因爲是非分明，大家也更加警惕。雖然不是我有心安排，卻意外獲得了這樣的好結果，等於是一個小徒弟改革了店面的風氣。

這也是不考慮自己的利害得失。認爲是對的，就勇往直前去做。這種精神對公司，產生了改革與發展的效果。

想來很有趣，一個十四、五歲微不足道的小徒弟，也有改革一家公司的可能。但是，我想還是因爲當時敢用自己的飯碗做賭注：『認爲是對的，就不怕得罪人，不考慮利害關係，勇敢去做。就是這種熱誠打動了老闆的心。』

這就是松下幸之助。這也就是松下幸之助的精神。

英雄出少年

松下幸之助的一生事業，奠基於苦難的童年，發跡於大阪。他也曾告訴「松下政經塾」的塾生：「我小時候很貧窮，每天都在挨餓，所以並沒有什麼大的夢想，只不過希望能夠塡飽肚子。在學徒時代，還是一樣。」

小時候的境遇與磨練，對他一生的影響太大了。所以松下先生很注重小時候的教育。他說：「教育必須從小的時候開始，愈早愈好，有的人認爲最好從三歲就開始教導漢字。」

松下的精神，就是吃苦耐勞的精神，吃得苦，越早越好。也就是中國文化的一句話：「吃得苦中苦，方爲人上人。」印證松下的一生，再恰當也沒有了。

因此，瞭解松下的精神，必須從他的早期開始，才能找到眞正的成功根源所在。

我有幸在偶然機會裏，讀到松下的作品，感到他有一種自然的樸實感。開始時，是零星的閱讀，後來，才有機會讀到整本的書，整套的書。對松下先生的精神，眞是心嚮往之。

松下先生之精神，在於樸實、自然與率眞，也就是說，能領悟他的精神，而能貫徹在做人的精神上，貫注在做事的道理上，則人人可成爲聖傑。

松下先生的精神，如同礦源，越挖越多，但最珍貴處，還是在源頭，也就是松下先生早期的經驗。「小說松下幸之助」一書（本書由洪建全文教基金會出版）忠實的記載了這一段過程。

他山之石

當然，松下先生不會寫小說，也不會有時間寫小說。這裏所謂「小說松下幸之助」，是他的親人或部屬，以一種寫實的筆觸，也就是我們所熟知的「報導文學」體，寫他的生活、他的創業哲學，或經營事業的經緯，其中包括「大阪立身」及「知命之年」。

自然，以這樣筆觸，寫松下的經營人生，會「輕鬆引人」。因為，我們所讀到的松下的作品，通常是他的講話、錄音紀錄整理出來的。比較直接的思想與想法，自然就不會有什麼情節與變化。

認識一個偉人的面貌與精神，可從不同角度去瞭解、觀察、體會。「小說松下幸之助」是一種別出心裁的方式，既不是傳說，又不是報導，也不是文學，只有松下幸之助獨特、多采的人生，才有這樣的表現方式。在引人入勝的情節中，瞭解一個奇人的真髓，在輕鬆有趣的對話中，瞭解一個事業成長的眞諦。這就是「小說松下幸之助」的價值所在！

熱情與激情

選舉，自是民主生活的一項經驗。無論對於個人或是一個社會，選舉過後，都會有反省機會。我選對了人麼？我爲什麼投下這一票？

投票行爲，在歐美先進國家，無論政治學或大眾傳播學領域，形成一門學問，產生一些權威的「投票行爲」的學者，也產生了一些投票行爲的理論與名詞。如在大眾傳播學常見的「二道式傳播」（The Two-Step Flow Of Communication）、「意見領袖」（Opinion Leader）等等均是。

一場選舉，往往如同一場男女間激情，激情過後，就會有沉思、甚至懺悔。

世人常談「潮流」，所謂潮流所趨；時人喜談「流行」，所謂流行風尚。

流行之風多自外向內，多自少數人吹到多數人。

是好、是壞，是一回事，流行之不可避免，確是事實。

服裝髮式固受外來影響，選舉也會受外來的影響。

最近，臺灣一次選舉，若干人以「激情」取得選票，在國外也有相似的經驗，也爲有心之士所引爲慮的。

遠在一九六九年，日本眾議院改選，就花樣百出，黑白顚倒。當時，作爲「經營之神」的松下幸之助，就很不客氣地提出批評：

「去年（一九六九年）底眾議院改選，當各黨提名的候選人在街頭演講時，我則在收音機旁或電視機前聆聽。大部分的候選人，不，應該說是幾乎每一位候選人，都指責日本存在著許多缺失，日本民族也有不少的缺點。」

「我認爲大家能像這樣來尋找缺失，並沒有什麼不妥，但如果在演說時，能夠切合時弊，提出改善的措施豈不是更好嗎？可惜很少人這麼做，大多數只是把缺點提出來喧嚷一番而已。聽的人很可能在不知不覺中，產生日本無能和日本人醜陋的想法。」

「大部分的演說情形都是如此，或許這是一種獲取選票的手段，但是如果只是一味地提出這種問題，那麼國民對於日本在二十五年間就達到平均每人的鋼鐵生產高居世界第一的事實，就一無所知了，而且也可能因爲認識不够，導致其他問題的發生。所以大家應該先對我們國家優異的能力有所認識，然後才能就工業界發展的潛力作一番評價，並以此爲起點，迎向嶄新的七十年代。」

一場選舉，往往如醉如狂，酒醒之後、激情過後，當有所反省，這才是人類至高無上的智慧。

熱情是可貴的，激情是可怕的；熱情是自然的，激情是人爲的。我們應以熱情代替激情，這才是一個社會之福。

浦城舊事

中國人是韌性很強的民族，適應力之大是世界少有的。幾乎在任何土地上，都有生存與發展的能力，這是最令不瞭解中國的人，不可思議的地方，也是中國人引爲自豪的。不過，植物的生存與成長，很講究也很重視土壤與水份。人的生存與發展，更應該如此。人在成長過程中，環境的因素，雖然不是絕對的，但是應有密不可分的關係。

中國人的奇特與神秘，就是在任何環境中，都會有異於常人的生命力，甚至越在艱困的環境中，越容易發揮生命的光輝，創造出不凡的生命價值。

這些年來，海內外的中國人，表面看起來，偶然會有「冒」出來的人物出現，甚至原本默默無聞，一旦成名，就被視爲「神童」、「天才」，其實，這在一個人生命成長的過程中，是極不正確、也不公平的。因爲任何生命力一旦發光，絕不是偶然的或是突發的，而是長期孕育的結果。

最近，以「老蚌生珠」自侃的文壇「新秀」——周腓力先生，就是極爲明顯的例子。

不知道周腓力的人，乍聽到他的名字，除了對他富有宗教色彩的名字，感到好奇外，對於他的脫穎而出，就有從地上冒出，或從天上掉下來的錯覺。

周腓力以在美國經營一家看不起眼的服飾店爲業，而其文學作品，連中二元，曾獲得去年時報小說獎的第一名，得獎作品爲「一周大事」，另外一篇「洋飯二吃」，也已輯入年度小說。

這種「老來」的幸運，連周腓力自己也說，「我可說一直都很倒楣、不得志，一生中幾乎沒什麼飛黃騰達的得意事，除了『老來得獎』算是比較特別一點外，其他都乏善可陳。」

周腓力的生長與成長，都是在臺灣。如果一生對於他有重大幫助，也是在臺灣。

臺灣這塊地方，是肥沃的，不只是適宜周腓力的成長，也是適宜無數有才幹的年輕人的成長，會幫助他們，走上成功之路。

朋友們常說，如果周腓力一生有缺憾，這一缺憾甚至造成他一生的缺憾，那是學洋文誤了他。因爲學洋文，而走上與他個性不調和的洋務，好不容易脫身洋務，又走上美國之路，這都不是他甘心情願的。

因爲周腓力的才氣不凡，雖然俗事使他英雄氣短，他自侃是「國字臉」，好像是漫畫型的人物。其實在我所遇到的才子型中，他是上上者，論形相，方頭大耳，論才智，也眞是又有才又有智，眞是理想中「李表哥」的化身。

周腓力一生的成長與學習三個階段，是臺北市浦城街、師大附中與臺灣大學外文系。據我所知，腓力的中學，是他最快樂的時光，無論家庭和學校生活，眞如仙樂般。那時候，他住在臺北市浦城街（好像是三十一號），是臺糖的獨幢宿舍。他的尊人周大瑤先生，曾長久擔任臺糖公司總工程師，一度並外聘至泰國指導糖業生產技術工作，對於我國糖業的增產，有過重大貢獻。値得一提的，當時浦城街圍繞周府的，眞是名副其實的名人街。記憶所及有：胡宗南將軍、鄭彥棻先生、張其昀先生、周宏濤先生、曹聖芬先生、熊丸醫師等，眞是冠蓋雲集。但那個時候（現在也是如此），生活環境非常純樸，沒有牌聲、沒有訪客，甚至沒有汽車聲（春節拜年期間例外），在這樣環境下成長的青少年，自然錯不了。腓力才氣中有福氣，無論爲學爲商爲官，應都是大才長才人物。當時，給人印象很深的，是有點傲氣，不過有人很欣賞他的傲氣（包括他的老師在內），因爲他的確有才，也就値得「傲」，可惜後來爲「洋務」所煩，爲ABC組合所苦，殺掉了他的傲氣，這是這一代中國人的不幸。

師大附中的生活，腓力也極爲快樂。像他這樣才氣的人，最適合附中的學習生活環境，當年中學生的瀟灑，只有附中才有，如今在升學壓力下，附中還保存了一些，只是無法和當年相提並論了。附中的校訓是「人道、健康、民主、科學、倫理」，其實更清楚地說，就是一個自由自在的瀟灑，我相信不只是當年的南開中學沒有，就連清華、北大也沒有。

天下雜誌在一篇「追根究底看教育」的專訪中，曾把附中教育的成功，歸之於「平衡發展，使學生有更多機會接觸知識以外的領域，豐富了自己的生活經驗」，並指出「運動風氣之盛，或許可以從校訓中找到原因」。附中的精神，無論在海內外都有深遠的影響，這些附中人不是表現在學校的功課上，而是表現在日後的服務社會上。據說，在國外若干中國人集會的場合，在眾多傑出的中國人中，附中的校友，一眼就看得出來。附中的運動精神，影響也很大。今天成爲政府棟樑的連戰、陳履安、吳伯雄，當年都是附中籃球場上的健將。吳伯雄在中央委員會秘書處主任任內，脫下西裝，換上運動服，帶動了中央委員會同志，一起到籃球場打籃球，比賽籃球，活潑了中央服務的精神與活力。

附中的中學生活，完全是大學的生活。你要怎樣就怎樣，或稱之爲「上課很活潑」，可以一天到晚打球，也可以一天到晚坐在圖書館看紅樓夢，找莎士比亞的開心，照樣有學校上。這樣的環境，培養出無數的有爲青年，和周腓力同班的（高三十二班），就有楊國樞（心理學家）、譚天錫（臺大教授、動物學家、考試委員），還有不少附中校友，在國外第一流研究學府主持或做高深研究的學人。

有眾多的中國學人在海外，特別是在美國，因之，一旦中國人成爲諾貝爾獎的得主，一點也不稀奇，要是附中校友，更是一點也不意外。在這樣的環境中，造就出不少「怪」學生，黃用就是其中之一。黃用除寫詩玩玩外（偶然玩玩，就成爲當時藍星詩社的大將，黃用兄的才華，當時最爲余光中先生所欣賞。），視乒乓球如命，書包中乒乓球拍代替書本，一天到晚打乒乓球，就是到學校，先到教室走走，看看那位老師在上課，就去打乒乓球了。說也奇怪，當時家長和老師，都不管這些「問題」，甚至還有些默契、有些欣賞，就任他去了。後來黃用也不費吹毛之力，考上臺大外文系，到美國改行唸化學，得到博士學位，成爲美國一位知名研究所的高級研究員。到美國唸書的時候，黃用的乒乓有了用武之地，代表他念的大學（好像是印地安那）出賽，橫掃中西部，成爲美國大學中的中國乒乓王。

同樣的，師大附中的日子，周腓力的「傲氣」，也得到師生的欣賞，這樣資質天生的學生，必然會成大器，倒任誰也沒預料到，腓力竟落爲「大器晚成」。

腓力也成爲臺大外文系的學生，這是他的幸運，也是他的不幸，因爲從此他靠「洋」吃飯，以他的性格，他怎是處處說YES，事事請示洋人的人。

民國六十五年，周腓力帶著他的太太、女兒，走上到美國之路，一個俗人不能免俗，這是可以理解的，而以周腓力的性格，依然要從俗，乃至「面臨了人生中最大的挫折」，而非想像中的「遍地黃金」。

以腓力的閱歷與聰明，他早就知道美國並非是「黃金地」，而是不得已的決定。人生大概就是如此。因爲對於腓力來說，走「洋路」原本就是格格不入的，繼續走下去，只有更苦了。

腓力的觀察與分析，向來敏銳。他分析了在美國社會三種類型的華人：

「在美國的華人，約可分爲三種類型：第一波華人，在十九世紀中至二十世紀初抵達，他們多充當苦力，如礦工、鐵路工人、洗衣工人等；第二波是學人和留學生，在抗戰勝利後的十數年間抵美，他們多有高學位，謀職比較容易，從事的也是高層次的工作，最多的是教書或做研究；第三波應屬一九七〇年以後湧到的新僑，一般而言，他們在體力上不如第一波華工，在學問上不如第二波學人，因此如需在美謀生，往往高不成、低不就，這些人中有很多是移民過去的，身上帶了些過往的積蓄，可以做些小買賣。」

不管是屬於那一種人，在美國的中國人，奮鬪的歷程，有血淚，也有豐收；有痛苦，也有歡樂；有黑暗，也有光明。也不管屬於那種人，成功卻困難重重，因爲不是在屬於自己的土地上耕作，自然要倍加辛勤，否則也就難有成功的收穫。而所以會成功，也必然會屬於那些保有中國人的心的人。（事實上，早期到美國接受西洋教育的留學生，也都是以「尙苦幹、重紀律、惜榮譽」，以君子之風度，在中國現代化過程中，貢獻了他們的才學。請見淩鴻勛、高宗魯合編之詹天佑與中國鐵路，第二十頁。）

所謂「中國人的心」，那就是肯吃苦、肯忍耐的中國人本性。

這樣的中國人，不管環境如何艱苦，也不管吃了多少苦，最後還是會成功，而成爲人上人。

靠中國人的心，成爲有心的中國人，我認識的人很多，其中，第一個認識的學人，是腓力歸類的第二波的學人和留學生，也就是在抗戰勝利後的十數年間抵美者。他的中文名字是喩德基，英文名字是 Frederick T. C. Yu，在美國新聞及大眾傳播學府，研究國際採訪及中共傳播研究，是無人不知的中國學者。喩博士早年出自金陵大學外文系，一九四七年抵美後，吃了不少苦，做了不少事，得到愛我華大學新聞學博士。他不但是中國人，也是世界上最早獲致新聞學博士之一。更重要的，是他在那裏遇見現代大眾傳播學大師施蘭穆博士（Wilbur Schramm），而他落腳在哥倫比亞大學新聞學院，曾長期擔任哥大新聞學院副院長，現爲該院教授，也是至尊的 CBS Chair教授。

喩博士不只是屬於美國教書或研究學術的佼佼者，而是眞正的進入廟堂之上。他謙遜的美德，是第一等中國人風範，幾次由於學術研究或考察哥倫比亞新聞學院散佈在亞洲的特派員，路經臺北時，對於長者尊敬備至，如稱曾虛白先生爲曾老師，即是一例。其實他與曾先生絕無師生關係，但，曾先生是我國新聞教育的開創者之一（曾任政大新聞研究所所長），因此，喻博士對曾先生備加尊敬。

王贛駿能夠脫穎而出，成爲有史以來第一位中國太空人，固然有其機智，有其環境，但，基本上，還是保有中國人的謙遜美德，其可愛，其可敬，也就在此；中國男女高爾夫選手，揚名全世界，固有其超人之球技，但受人尊敬，受人讚賞，還是由於保存與發揚中國人的優美風範。

這就是中國人的傳統精神。

因此，不管屬於那一波的「華人」，也不管你在美國社會地位多高或多低，只要保持中國人的心，無論勞心與勞力，都會奮鬪有成。

因爲，中國人的精神，是外（美）國人所沒有的，如果放棄自己所有的，而找尋自己所沒有的，就算是流自他人的血再好，也沒有自己的血好，也沒有自己的血多。

腓力的苦，是在美國中國人的苦，也是所有中國人的苦，所付出的代價，但願腓力苦盡甘來。多爲美國人引領中國文化，多做些「引航」的功夫。

以腓力的智慧，有此條件；以腓力的才華，有此功力；以腓力的經驗，更有此本領。這裏，就不是什麼得天獨厚，而是苦換來的。如果是這樣，苦還是值得，還是有代價的。

我期盼腓力的大筆，能多寫些中國人的優點、中國人長處的書。讓外國人，特別是美國人、天下人知道，眞正中國人的精神，是當今中國人第一等重要事。以中國人的篤實與美國人的純眞，中美間應是結成喜劇的民族，所以發生悲劇，是因爲美國人太不瞭解中國人，太不瞭解中國的歷史與文化了。

接下強棒

就現代歷史而言，今年這一年，不再是值得紀念，而是值得深省的一年。

今年，是第二次世界大戰結束四十年的紀念，也就是在四十年前，歐洲的德國、亞洲的日本，被中美英法爲主的盟國所打敗，先後徹底地向盟國投降。

戰爭結束後的四十年，世界的變化眞大。勝利者沒有得到眞正的勝利，失敗者也未得到眞正的失敗，這不只是一句哲理，而是鐵的事實。

歷史眞是在捉弄人。

就在全世界紀念第二次世界戰爭結束四十年的時候，作爲勝利國的盟主——美國，大眾傳播界掀起了一片檢討四十年來的變化。

這變化的重心：

勝利者爲什麼變成失敗者？

失敗者爲什麼又變成勝利者？

這勝敗的主體，自然是指美國和日本而言。

眞的，四十年的變化眞大，大家不會再有心情慶祝勝利四十年，而是當年趾高氣昂的勝利者，如今卻變成低下頭來，作自我的反省。爲什麼短短的四十年，不可一世的勝利者，卻變成這個樣子？當年一敗塗地，如喪家之犬的投降者，四十年間，卻變成世界上一條無孔不入的巨龍。

眞的，日本眞的置之死地而後生，四十年間，如雨後春筍般地，如生龍活虎般地生活在這個世界上。

美國人眞能瞭解自己，也眞能作自我的諷刺。

美國大眾傳播界都在競刊，毫無保留地，檢討戰後四十年的美國的時候，一九八五年九月二日出版的美國新聞與世界報導周刊，以「美國對抗日本」爲重點，就美國與日本工人的品質，作了一番客觀的分析比較。

最有趣的，也最能道出四十年來的美日變化的，是在這一期的前面，編輯特別刻意安排了二幅「漫畫家的世界」，這幅漫畫出自奧赫君，原載奧立岡人報，這是兩幅強烈對照的漫畫：左邊的一幅，標題是：「一九四五年，在日本的勝利」，美國水兵，得意忘形，摟著

「美女」在狂歡跳舞；右邊的一幅，標題是：「一九八五年，日本的勝利」，一位發呆的美國水兵站在整箱、整箱的尼康、堪諾、潘蘇尼克日本工業產品的旁邊發呆。這些比火藥、比子彈、比神風式更厲害多了的「日本製」，眞是無孔不入。

只有天眞的美國人，才能接受這樣讓人受不了的漫畫。事實也是如此：四十年間，美國就這樣糊里糊塗失去江山，甚至失去世界；四十年間，知恥近乎勇的日本，就這樣又起來了，由小日本變成大恐龍。

當然，根據美國輿論的說法，第二次世界大戰，並未眞正的結束，還在繼續打下去，當然，不是在戰場，而是在商場。深通美日的專家甚至預測，「在未來的十年，將會顯現到底美國或是日本是第二次世界大戰的最後勝利者。」

從最近火熱化的美國與日本間的貿易問題，科技產品競爭，此話並非預言，而是在激烈進行中。究竟日本持續勝利，保持經濟優勢，或是美國「反敗爲勝」，大概不會等到十年就會有分曉。

四十年間，爲什麼會變成這個樣子？勝利者「反勝爲敗」，失敗者「反敗爲勝」，不是哲理上或自然現象的盛極而衰或是無常理，總有些因果關係可追循。上面所提到的那兩幅「慘不忍睹」的漫畫，應是最好的寫照，也是活生生的教訓。也印證了我們中國的一句老話：

「生於憂患，死於安樂」。美日兩國，東西方極端變化，其原因固然錯綜複雜，但基本上就是這八個字。

當然，四十年間，美國先後受損於韓戰和越戰，尤其是越戰，更使美國元氣大傷，而日本卻在這二次戰爭中撿到了極大的便宜。

這只是原因之一，但並不是主要的原因。

主要的原因，是美國在極端物質享樂下，而失去了精神的力量，這是根源。

「美國新聞與世界報導」周刊，分析比較了美日工人的品質異同，不只是找出美國不行的原因，也找出美國的危機。

該刊最近邀請了十位研究日本與美國工人的著名學者，對美日兩國工人品質加以比較，加以評分。他們很驚異地發現，列舉在十類中，美國只有三類佔優勢，而日本卻有七類之多。

美國工人佔優勢的三項是：主動、抱負和高級技術。

日本工人佔優勢的七項是：品質的關切、工作勤奮、誠實、忠誠、一般工作技能、值得信賴和合作。

十位專家對這十項的具體評語比較如下：

一、對品質的關切：

日本人幾乎具有狂熱，想把工作做好。他們非常重視細節。許多美國人只是想完成工作而已。

二、主動：

就個人而言，美國人願意採取主動。他們關心誰因爲圓滿完成工作而獲獎。

三、工作勤奮：

兩國工人均重視工作倫理，但是因爲日本人常常自動加班，所以專家們認爲日本人在這一項裏稍微超前美國人，日本人的公司就是他們的生命焦點。

四、誠實：

因爲日本人認同公司的傾向很強，所以很少有人會偷竊辦公用品，及在簽到卡及開銷帳單上作弊。

五、志向：

美國的個人哲學鼓勵工人們努力向上。雖然日本人也有遠大的抱負，但是他們避免在早年鋒芒畢露。

六、忠誠：

一般日本工人只想在一家公司內發展抱負，公司同樣的也會悉心照料員工。

七、一般工作技能：

日本各級學校的畢業生全都有良好的工作技能。日本人學會紀律與良好的工作習慣後，會在工作中表現出來。

八、高級技術：

美日兩國的工人均接受過高等教育，但是美國具有較多的大學畢業生及白領階級的專才。

九、值得信賴：

日本人不願意遲到或請病假，因爲他們不願意使上司及同事失望。許多人還會放棄部分休假。

十、合作：

日本人比較服從團體紀律，培養團體意識，提高生產線上的效率。

從這一客觀的分析，我們自然會發現「日本行」的道理，他們之所以行，甚至在工業產品勝過美國，當然，不在商品的本身上，而在人的精神上。日本工人的精神，已有絕對多項超過美國工人，這也就是「人的精神力量」。工人是如此，其他的階層也是如此。值得我們特別注意的，日本工人的優點，許多項都是東方儒家的精神。我們自然有榮焉之感；很遺憾的，這些原本來自中國儒家的東方人的優點，卻遠遠離開我們而去。（根據柴松林教授，最近完成的「四十年來社會變遷和國民生活意向調查報告」，在二十二個調查項目中，雖然有十八項的分數較光復時高，但，國民道德水準、國民生活精神、社會治安情況及生態和自然環境，卻在四十年間下降，尤其國民道德與國民守法精神，嚴重影響民族品質，值得警惕。）

人的精神失去，就會失去一切，這是歷史發展的定律。從羅馬帝國的興衰到現代歐洲的衰退，由「美國人的挑戰」轉變成爲「日本第一」，歷史的發展，都是在此一規則中運轉的。人文的因果現象，雖然不如自然現象那樣絕對，但還是脫離不了正常的軌道。

從人的歷史來看，也是如此。人與國家的關係，實際上也就是人的決定關係。由埃及人、由巴比倫人、由希臘人、由羅馬人、由英國人、由美國人、由日本人……一個國家，甚至一個時代的興衰，也就是人——無數的一羣人聚離的興衰。

人與國家的興衰關係中，古代的羅馬，就是最典型的例子。

關於羅馬興亡的歷史，眞是史不絕書。房龍在人類的故事一書中有這樣的敍述：古代的羅馬共和國，是以儉樸引以爲榮，儉樸是名人生活的特質。新羅馬共和國，對於他們祖先時代盛行的衣著破舊、道德高尚，都引以爲恥。現在的羅馬，變成了一個爲富人所有，爲富人所治，爲富人所享的國家。像這種情形，必然會招致失敗的命運。這是多麼強烈而又殘酷的事實！

就人類的發展故事來說：「愛琴海上的人，把古代亞洲的文明帶進了歐洲的荒野」（請見房龍：人類的故事，世界文化供應社出版），不只是向美國中小學說的故事，而是一個人類歷史的發展軌道。同樣有趣的，是哥倫布意外地發現新大陸後，不只是造成一個新世界，而是世界的重心地，它像地球大磁鐵一樣，成爲世界的重心地——美國。

就歐洲來說，不談遠古的希臘羅馬，無論十六世紀的政治經濟體系，或是十八世紀的科技初現，就現在我們所熟悉的英國、法國、德國幾個主要國家，都曾有很長的一段時間，使人享受無限的歐洲文明的風光，很不幸的，如今只能成爲教科書的古典教材了。

如果有，還有值得「稱道」的那就是巴黎的服裝、英國的龐克頭，連以智慧與刻苦著稱的德國，也讓有遠見、有深慮的思想家搖頭不返。（同樣是戰敗的德國，遠不如日本幸運，東西德的分割是政治、經濟上的原因，德國人精神意志力的挫折，未能及時恢復，應是更大的原因）。

正如房龍在潛研了整個人類發展的歷史後所得到的結論：一個人或一個國家，建立起聲名要花很長的時間，要想消除聲名，也同樣要花很長的時間。

羅馬不是一天造成的，羅馬也不是一天消失的，應是對房龍的評語最好的註腳。

同樣的，世界舞臺的重心，由歐洲轉往美洲，世界舞臺的主角，由歐洲人轉爲美國人，也不是一天造成的。雖然美國的興起，在人類的歷史中，有點突然，甚至有些意外，其實，還是有它崛起的原因。

美國名史學家倪文斯與甘邁格合著的美國通史一書中，指出美國的成長，乃是「在內戰結束後的三十年中，開始規模粗具。最引人注目的一個事實，便是一切都向上長。土地、人口、財富、實力、社會的複雜性與經濟的成熟性，莫不如此」。

美國躍登世界強國，世界超級強國，那是經過二次世界大戰的非凡的表現與貢獻。

無論第一次世界大戰或是第二次世界大戰，美國在「諸強」中所扮演的角色，不只是軍火庫的供應國，而是對於維護世界和平的精神與理想而付出的決心和力量。尤其是所表現的道德勇氣，那眞是自人類有建國以來泱泱大國的風範而無愧。美國前駐聯合國大使寇克派屈瑞克就曾經指出：「美國在二次大戰的勝利，實導因於我們國家無比的團結和自信，龐大的生產力、合作、企劃和勇氣。」（聯合報，人類最大的敵人——極權主義，民七十四年十一月二十八日第二版）

自第一次世界大戰到第二次世界大戰，美國所領導的反侵略的陣容，所憑藉的，不只是武力，而是勇氣；面對世界和平、面對人類幸福挑戰的勇氣。

威爾遜的國際聯盟失敗，但他永不退縮的精神並未失敗。威爾遜的精神，就是「不畏攻訐、不受阿諛、不懼艱難」，並且「以大勇面對人生，以大信面對死亡」。

第二次世界大戰中，羅斯福總統所表現的是世界勝利者的精神。他在第四屆就職演說中，就曾經指出：「我們已知道不能在和平中獨存，我們本身的幸福與距我們很遠的其他國家的幸福，有唇齒相依的關係。我們已知道，我們必須作大丈夫，不能藏頭畏縮，也不能只顧自己不顧他人。我們已知道應做世界的公民，做人類大家庭的成員。」

這是何等氣魄的事。可惜又不幸的，羅斯福的晚年，如威爾遜的健康一樣，體衰力竭，不只是無法堅持理想，而為野心者所刼，埋下了戰後亞洲赤禍的亂根。

第二次世界大戰後，很明顯的分野，是：歐洲的衰退和美國的鼎盛。美國和美國人，眞是風光，普天之下美國人的代表物，無論口香糖、可口可樂、麥當勞，或是好萊塢的電影，都是美國的天下，美國人似乎就是聖誕老人的化身。

眞的，正如德國一位學者所說的，人對知識的吸收只有兩種主要途徑：即自己的經驗，與借重他人的經驗。當老大的歐洲人發現自己的經驗不靈的時候，就到外面找經驗。

美國是最現成、最典型的成功經驗。

於是形成「美國人的挑戰」時代。

此一時期，從歐洲看美國，代表性的作品，就是 J-J Servan-Schreiber, The American Challenge。法國籍的薩文・史萊坡，是一位對歐洲危機、美國強盛觀察入微的作家和主筆。當一九六八年寫這本書的時候，正是歐洲陷於式微的困境，而「美國人的挑戰」一書，就是對於歐洲危機的探討，他視爲給予歐洲這一代人的宣告書。此書一出版，果然擊中歐洲人的要害，是一副適時的藥方，據亞瑟・史列辛格在原序中指出：法國在第二次大戰以後，不論是小說或非小說類的書，在出版之初的三個月裏，沒有一本有過它那麼大的銷路。歐洲的政治家、公務人員、報人、教授、銀行家、企業家以及工程人員，都對此加以研讀，並且引以爲典範。

作者指出：我們所害怕的，不是美國人能有什麼樣的作爲，而是我們歐洲人不能有所作爲，以及介於這二種情形之間的眞空中。

就是因爲歷史無情，所以我們所生存的世界中，也是無情的。正當歐洲人在面對「美國人的挑戰」的時候，旋踵間，在東方出現了日本人的挑戰——「日本第一」。

無獨有偶，高唱「日本第一」，至少第一個人叫出來，第一本書寫出來的，不是日本人，而是用心研究日本的美國人。

也正如美國有心人所預測的，美日間的經貿科技戰，還在延續第二次世界大戰的「戰火」，結果如何，要在未來十年間才能分曉。不過，可以看得出來的，過去四十年間，美國已從極盛而進入衰退之谷；日本已由死亡之谷，而進入經濟極強之林。在這個世界上，只要有電池的地方，就有日本的商品，也就有日本的「戰利品」，只要有商場的地方，就有日本的優先選擇。日本商人所創造的，不只是完全代替模仿他國的產品，如美國的汽車、德國的相機，而是達到了價廉物美之境。如果日本人可怕，就可怕在這裏。世界對於日本人的印象如何，不得而知；但對日本商品，幾乎難於抗拒而作他種的選擇，最近有一本雜誌，報導一則發生在美國市場眞實的故事：「我有個朋友走進店裏，面對各種品牌，售貨員說美國RCA相當好，但他說：『我是不是該買個日本貨?產品會好些。』售貨員告訴他RCA產品其實在日本製造，他就買了。」日本人眞是風光極了，日本的產品，也眞是出盡了風頭。從歐洲人到美國人、到日本人的天下，半個世紀以來，變化的關鍵，還是在於中國聖哲所講的「居安思危」的哲學。

無論英國或是美國，均能在危機中，以大智大勇的精神，度過本國、甚至世界的難關，但卻在太平盛世中丟掉霸主和江山。

聽聽邱吉爾的聲音，事隔將近半個世紀，仍然氣壯山河：「勝利——不計較任何代價換取勝利。不顧任何恐怖爭取勝利。不計較前途是如何漫長、路途是多麼困難，一定要得到勝利，因爲沒有勝利就沒有生存。」

美國，當時那種救英國、救歐洲、救世界的狂熱，眞令人感動。凡星條旗所到之處，就是「上帝」的標幟。就算是敵人，也不得不說出，好美麗的美麗堅呀！

羅斯福的置之死地而後生的決心與行動，在他就職的演詞中，眞是樂觀有力：

「我們本著全國團結的無畏精神，面對當前的艱困。

我們清楚知道，我們所追求的，是舊有的寶貴道德價值；全國無分老少必能各盡本份，共赴時艱。我們所要求的，是確保全國人人有圓滿而安定的生活。我們對民主的前途滿有信心。」

就這樣展開了他的「新政」，眞是如火如荼，直至第二次世界大戰結束後的十年、二十年、三十年……美國的力量，眞是如日中天。可惜的，表現在外的，雖然還有「力量」，但藏在裏面的精神，就開始走樣了。

一個國家，和一個人一樣，當它「變樣」的時候，不是一朝一夕之事，由上而下易，由下而上難，美國由極盛而衰退，是一步一步地急速滑下來的。

這一情景，美國第三十二任總統富蘭克林·羅斯福，在第四任就職演說中不幸而言中：我記得我的老校長皮波第，在當時還很安全及安定的日子中說道：「在人一生中不見得每件事情都能順利，有時我們會爬上頂峯，但是，隨後一切似乎反過來，開始往下跌……」

毋須在韓戰、在越戰看美國的強弱，就看美國社會的嬉皮流行，就知道這個強而富的國家，在開始變了。

由歐洲人樣樣好，轉而「美國的挑戰」，再轉爲「日本第一」，眞是風水輪流轉？下一個又要轉到那裏去？往下一站轉，或是轉回去？在「戰場中」的美國人，還在那裏等著你；早在戰場外的歐洲人，既缺乏野心，也無雄心，大概是出局出定了。

正在風光中的日本人，也不是想像中的那樣好，也在變，只是一般人不易看，看不見而已。吃過苦，爲「日本第一」打下江山的日本人，當你說「日本第一」的時候，往往在「驕傲」之餘，還擔心這一代年輕人接不下棒子，因爲這一代年輕人，缺乏當年他們什麼苦都能吃的毅力與耐力。

其實，日本人的問題，固在安逸，更重要的，還是利與義問題。在萬利至上的商社神能下，他們只見一利，不見百害，只見自己受利，而不見他人受害，這是一個社會，眞正的悲哀，也是一個民族眞正的危機。

那麼，下一個接棒者呢？

如果我們不妄自菲薄，我們中國人，就應準備迎接下一根強棒。

我們憑什麼接這根棒子？

我們所憑藉的是什麼？

最重要的，也是世界最缺少最需要的精神的力量。是中國的文化力量。

一個中國人，一些中國人，整個中國人，要想成爲全體中國人的成功，必須要付出代價。成功的動力是什麼？

長德與費妮在訪問了美國二十三位非常成功的創業家後，合寫一本書：「Starting at the Top」，爲成功找出三個主因：敬業（熱愛你的工作）、努力（甚至有一天工作二十五小時的精神）、以及決心（從不輕言放棄）。

我們若有敬業的精神，非把自己的工作做好不可的精神；努力，全心全力做自己的事；以及決心，誓作一個光明磊落的中國人，中國人這枝強棒，就會在我們手中創造出來。

三民叢刊54

紅樓夢新解
紅樓夢新辨

潘重規　著

自蔡元培、胡適兩先生對紅樓夢熱烈討論之後，紅學已成爲文史學中的一門顯學。在舉世風從胡氏的自傳說之後，潘重規先生獨持異議，發表論文主張紅樓夢是漢族志士反清復明之作，使學界對胡氏再做檢討，而開展紅學的另一新路。潘先生在香港新亞書院創設紅樓夢研究課程，刊行紅樓夢研究專輯，又於一九七三年獨往列寧格勒，披閱該處所藏乾隆舊抄本紅樓夢，發表論文，飲譽國際。歷年來潘先生與胡適、周汝昌、趙岡、余英時諸先生討論的文字及論文，今彙集爲「紅樓夢新解」、「紅樓夢新辨」重加校訂出版，使讀者能一窺紅樓夢作者之眞意所在，暨紅學發展之流變。

三民叢刊6

自由與權威

周陽山　著

自由與權威並不是對立的觀念。一個眞正的權威，是使人自願接受的力量，服從一個眞權威並不會使人感覺不自由，相反的，他是指引人們進一步思考、發展的助力。而一羣人獨立的自由，也只有在權威設定了自由的範圍後才得以維續。作者周陽山先生，探索有關自由主義、權威主義、保守主義及各種激進思潮在中國的歷程多年。在本書中，作者進一步透過相關的國際知識發展經驗，檢討自由與權威，自由化與民主轉型，以及國家社會與民間社會等層面的理念，期爲民主化的歷程建構一條坦途。

三民叢刊1

邁向已開發國家

孫　震　著

邁向已開發國家的過程中，先是追求成長與富裕，但富裕之後，仍有很多我們要追求的目標。作者孫震博士，曾參與臺灣發展的規畫，也對臺灣邁向已開發國家的前景充滿信心；但除了經濟上的成就外，作者更關心的是新時代來臨後的羣己問題、教育問題，正如這幾年來他所持續宣揚的——更重要的是邁向一個「富而好禮的社會。」

三民叢刊2

經濟發展啓示錄

于宗先　著

在多年的高度發展以後，臺灣的經濟也併隨產生了許多問題；諸如經濟自由化的落實、勞資雙方的爭議、產業科技的轉型、投機風氣的熾盛等等，都是目前迫切的課題，本書作者于宗先先生，以其經濟學者的關心，對這些問題提出其專業上的看法。而這些討論，將更能爲臺灣進一步的發展提供可貴的啟示。

三民叢刊3

中國文學講話

王更生　著

從「關關雎鳩、在河之洲」開始，中國文學匯流成波瀾萬千，美不勝收的滄海。坊間介紹中國文學流變的書籍很多，但大多以政治朝代分期，無視於文學本身一貫的生命，而把文學以政治分期的手術刀隨意支解；本書突破以往陳陳相因的格式，採以文學體裁爲基據的敍述方式，將各種文體的流變以一氣呵成的方式介紹給讀者，以使讀者有遊目騁懷之快，也更能掌握中國文學整體的生命。

三民叢刊7

勇往直前

石永貴　著

石永貴先生，絕對是大眾傳播界一個響亮的名字，在他任內，使新生報轉虧為盈，發行量增加了一倍，也是在他任內，使臺視業績成長了四十四倍，並使臺視新聞確立了不移的口碑。他的成功經驗、勇氣和堅持，當可予人不同的啟示。本書卽收集了石永貴先生自述其心路歷程的文字，從書中，我們可以看到他怎樣期待部屬，也看到要求自己，這些經驗和理念，不僅可讓傳播人獲益非淺，一般人讀了，也可獲知成功的理念何在。

三民叢刊8

細微的一炷香

劉紹銘　著

劉紹銘先生為海外知名學者，研究現代文學聲譽卓著。他以本名撰寫文學評論，以二殘筆名撰寫諷諭文章，文思流暢，刻畫生動，本書為作者最新之文集，蒐集大陸民運前後發表的文評及雜文，除了析述海內外有關中國的文壇發展外，字裏行間所流露的對中國現勢及未來的痛心及關心，更是使人心動。

三民叢刊9

文與情

琦君　著

琦君的散文，溫柔敦厚，於自然中散發出細膩的情思，久已為人稱譽。本書卽收錄了她最近的作品，從日常生活中隨手拈來，自也透露出作者駕馭文字的純熟工夫。另外並有琦君向少執筆的小說及她第一次執筆的劇本，可看出作者對文字掌握的多面能力。不可不讀。

三民叢刊10

在我們的時代

周志文　著

「在我們的時代，希望很容易幻滅，但在一段沮喪過後，逃逸了的希望又常常不期然地像雨後的彩虹一般的在遠方出現。」

本書收集作者兩年來在中時晚報所發表的時事短評，針對的人、事雖各有不同，但所抱持的理念是一致的，那就是一個人文學者對現世的關懷與對未來猶不死滅的希望。

作者以洗鍊的文筆，犀利的剖開事件上層層的迷障，讓我們得以見到更深刻的事實和理念。

國立中央圖書館出版品預行編目資料

勇往直前：傳播經營札記／石永貴著。
--初版。--臺北市：三民，民79
面；　公分，--(三民叢刊；7)
ISBN 957-14-0069-6（平裝）

1.大衆傳播-論文，講詞等
541.8307　　79000081

著　者　石永貴
發行人　劉振强
出版者　三民書局股份有限公司
印刷所　三民書局股份有限公司
地址／臺北市重慶南路一段六十一號
郵撥／〇〇〇九九九八——五號
初　版　中華民國七十九年八月
編　號　S 89044
基本定價　肆　元
行政院新聞局登記證局版臺業字第〇二〇〇號

ISBN 957-14-0069-6（平裝）